VISIŠKIEJI PRADEDĖJAI VADOVAS NAMŲ KONSERVAVIMAS

ŽINGSNIS PO ŽINGSNIO VADOVAS SU 100 MAISTO PRODUKTŲ KONSERVAVIMO IR KONSERVAVIMO RECEPTŲ. IŠMOKITE TINKAMUS VANDENS UŽPILDYMO IR SLĖGIO DIDINIMO BŪDUS

Džeralda Vitkauskas

Visos teisės saugomos.

Atsisakymas

Šioje el. knygoje pateikta informacija turi būti visapusiškas strategijų, kurias šios el. knygos autorius ištyrė, rinkinys. Santraukos, strategijos, patarimai ir gudrybės yra tik autoriaus rekomendacijos, o šios el. knygos skaitymas negarantuoja, kad rezultatai tiksliai atspindės autoriaus rezultatus. Elektroninės knygos autorius dėjo visas pagrįstas pastangas, kad elektroninės knygos skaitytojams pateiktų naujausią ir tikslią informaciją. Autorius ir jo partneriai neprisiima atsakomybės už bet kokias netyčines klaidas ar praleidimus. El. knygos medžiagoje gali būti trečiųjų šalių informacijos. Trečiųjų šalių medžiagą sudaro jų savininkų nuomonė. Todėl el. knygos autorius neprisiima atsakomybės už bet kokią trečiųjų šalių medžiagą ar nuomones.

El. knygos autorių teisės priklauso © 2022, visos teisės saugomos. Draudžiama perskirstyti, kopijuoti arba kurti išvestinį darbą iš šios el. knygos visos ar jos dalies. Jokia šios ataskaitos dalis negali būti atgaminta ar perduota bet kokia forma be raštiško ir pasirašyto autoriaus leidimo.

TURINYS

TURINYS 3
ĮVADAS 7
UOGIENĖS IR ŽELĖ 8

   1. Braškių-rabarbarų uogienė 9
   2. Nektarinų ir vyšnių uogienė 12
   3. Mažai cukraus turintis braškių-tekilos agavų džemas 15
   4. Šokoladinis-vyšnių džemas 17
   5. Apelsinų-bananų uogienė 20
   6. Abrikosų-levandų uogienė 23
   7. Figų ir kriaušių uogienė 26
   8. Figų, rozmarinų ir raudonojo vyno uogienė 29
   9. Melionų uogienė 32
  10. Persikų-rozmarinų uogienė 35
  11. Medaus-kriaušių uogienė 38
  12. Obuolių pyrago uogienė 41
  13. Persikų-burbono uogienė 44
  14. Mažai cukraus turintis aviečių "limonado" uogienė 47
  15. Pomidorų-žolelių uogienė 49
  16. Cukinijų-duonos džemas 52
  17. Uogų-ala uogienė 55
  18. Mažai cukraus turintis obuolių-čili uogienė 58
  19. Balzamiko-svogūnų uogienė 61
  20. Mėlynių-citrinų uogienė 64
  21. Obuolių uogienė 67
  22. Braškių-rabarbarų želė 69
  23. Mėlynių-prieskonių uogienė 71
  24. Vynuogių-slyvų želė 73

25. Auksinių pipirų želė 76
26. Persikų-ananasų užtepėlė 79
27. Šaldyta obuolių užtepėlė 82
28. Šaldytuvo vynuogių užtepėlė 84
29. Obuolių želė be pektino 86
30. Obuolių marmeladas be pektino 88
31. Gervuogių želė be pridėtojo pektino 91
32. Vyšnių želė su pektino milteliais 93
33. Vyšnių uogienė su pektino milteliais 96
34. Figų džemas su skystu pektinu 99
35. Vynuogių želė su pektino milteliais 101
36. Mėtų-ananasų uogienė su skystu pektinu 104
37. Sumaišyta vaisių želė su skystu pektinu 106
38. Apelsinų želė 109
39. Prieskonių apelsinų želė 111
40. Apelsinų marmeladas 114
41. Abrikosų-apelsinų konservas 117
42. Persikų džemas su pektino milteliais 119
43. Su prieskoniais mėlynių-persikų uogienė 121
44. Persikų-apelsinų marmeladas 124
45. Ananasų uogienė su skystu pektinu 126
46. Slyvų želė su skystu pektinu 128
47. Svarainių želė be pridėtojo pektino 130
48. Braškių uogienė su pektino milteliais 132
49. Tutti-Frutti Jam 135

VAISIAI IR VAISIŲ PRODUKTAI 138

50. Obuolių sviestas 139
51. Prieskonių obuolių žiedai 141
52. Prieskoniai krabų obuoliai 144
53. Kantalupų marinuoti agurkai 147

54. Spanguolių apelsinų čatnis 151
55. Mango čatnis 154
56. Mango padažas 157
57. Mišrus vaisių kokteilis 160
58. Cukinija-ananasas 163
59. Aštri spanguolių salsa 165
60. Mango salsa 168
61. Persikų obuolių salsa 171

RAUGINTOS IR MARINUOTOS DARŽOVĖS 174

62. Krapų marinuoti agurkai 175
63. Raugintі kopūstai 178
64. Duonos ir sviesto marinuoti agurkai 181
65. Šviežiai supakuoti marinuoti krapų agurkai 184
66. Saldūs marinuoti agurkai 187
67. 14 dienų saldūs marinuoti agurkai 190
68. Greiti saldūs marinuoti agurkai 193
69. Marinuoti šparagai 196
70. Marinuotos krapų pupelės 199
71. Marinuotų trijų pupelių salotos 201
72. Marinuoti burokėliai 205
73. Marinuotos morkos 208
74. Marinuoti žiediniai kopūstai/Briuselis 211
75. Chayote ir jicama šlakelis 214
76. Su duona ir sviestu marinuota jicama 217
77. Marinuoti sveiki grybai 219
78. Marinuota krapų okra 222
79. Marinuoti perliniai svogūnai 225
80. Marinuotos paprikos 228
81. Marinuotos paprikos 232
82. Marinuotos aitriosios paprikos 235

83. Marinuotų jalapeño pipirų žiedeliai 239
84. Marinuotų geltonųjų pipirų žiedeliai 242
85. Marinuoti saldūs žali pomidorai 244
86. Raugintos daržovės 247
87. Marinuotos duonos ir sviesto cukinijos 250
88. Chayote ir kriaušių pagardas 252
89. Piccalilli 255
90. Marinuoti agurkai 258
91. Marinuotų kukurūzų pagardas 261
92. Marinuotų žalių pomidorų skanėstas 264
93. Marinuotų krienų padažas 267
94. Marinuotų pipirų-svogūnų skanėstas 270
95. Aštrus jicama pagardas 272
96. Aštrus pomidoras 275
97. Jokio pridėtinio cukraus marinuoti burokėliai 278
98. Saldus marinuotas agurkas 281
99. Supjaustyti krapų marinuoti agurkėliai 284
100. Supjaustyti saldūs marinuoti agurkai 287

IŠVADA 290

ĮVADAS

Konservavimas namuose per 180 metų nuo tada, kai buvo pristatytas kaip maisto konservavimo būdas, labai pasikeitė. Mokslininkai rado būdų, kaip gaminti saugesnius, aukštesnės kokybės produktus. Pirmoje šio leidinio dalyje paaiškinami moksliniai principai, kuriais grindžiami konservavimo būdai, aptariama konservavimo įranga, aprašomas tinkamas stiklainių ir dangtelių naudojimas. Jame aprašomi pagrindiniai konservavimo ingredientai ir procedūros bei kaip juos naudoti norint gauti saugius, aukštos kokybės konservuotus produktus. Galiausiai tai padeda apsispręsti, ar galima ir kiek galima.

Antroji šio leidinio dalis – tai konkrečių maisto produktų konservavimo vadovų serija. Šiuose vadovuose pateikiamos išsamios cukraus sirupų gaminimo instrukcijos; ir konservuoti vaisius ir vaisių produktus, pomidorus ir pomidorų produktus, daržoves, raudoną mėsą, paukštieną, jūros gėrybes, marinuotus agurkus ir pagardus. Prie kiekvieno vaisių, pomidorų ir daržovių instrukcijų rinkinio pateikiamos patogios gairės, kaip pasirinkti tinkamą žaliavinio maisto kiekį ir kokybę. Dauguma receptų yra sukurti taip, kad būtų galima gauti visą skardinę – puslitrius arba kvortus. Galiausiai kiekvienam maisto produktui pateikiami aukščio virš jūros lygio apdorojimo koregavimai.

uogienės ir želė

1. Braškių-rabarbarų uogienė

GAMINA APIE 6 (½-PT./250-ML) Stiklainius

Ingridientai

- 4½ puodelio (1,1 l) ¼ colio (0,5 cm) storio supjaustytų šviežių rabarbarų
- ½ puodelio (125 ml) šviežių apelsinų sulčių (apie 2–3 dideli apelsinai)
- 4 puodeliai (1 l) prinokusių šviežių braškių
- 5 puodeliai (1,25 l) cukraus
- 1 (3 uncijos/88,5 ml) maišelis „Ball® Liquid Pectin".

Nurodymai:

a) Sumaišykite rabarbarų ir apelsinų sultis 3 kv. (3 l) nerūdijančio plieno puodas. Uždenkite ir užvirkite ant vidutinės-stiprios ugnies. Atidenkite, sumažinkite ugnį ir troškinkite, dažnai maišydami, 5 minutes arba tol, kol rabarbarai suminkštės.

b) Nuplaukite braškes; pašalinti ir išmesti stiebus ir korpusus. Braškes sutrinkite bulvių trintuvu iki vientisos masės.

c) Išmatuokite 2 puodelius (500 ml) virtų rabarbarų ir 1¾ puodelio (425 ml) trintų braškių į 6 kv. (6-L) nerūdijančio plieno arba emaliuota olandiška orkaitė. Suberti cukrų. Ant stiprios ugnies, dažnai maišydami, užvirinkite mišinį iki visiško virimo, kurio negalima maišyti.

d) Įpilkite pektino, iš karto išspauskite visą turinį iš maišelio. Tęskite kietą virimą 1 minutę, nuolat maišydami. Nuimkite nuo ugnies. Jei reikia, nugriebtos putos.

e) Karštą uogienę supilkite į karštą stiklainį, palikdami ¼ colio (0,5 cm) vietos. Pašalinkite oro burbuliukus. Nuvalykite stiklainio apvadą. Centrinis stiklainio dangtelis. Užtepkite juostą ir sureguliuokite, kad pirštų galiukai būtų prigludę. Įdėkite stiklainį į verdančio vandens indą. Kartokite, kol visi stiklainiai bus užpildyti.

f) Apdorokite stiklainius 10 minučių, reguliuodami aukštį. Išjunkite šilumą; nuimkite dangtelį ir palikite stiklainius pastovėti 5 minutes. Išimkite stiklainius ir atvėsinkite.

2. Nektarinų ir vyšnių uogienė

GAMINA APIE 7 (½-PT./250-ML) Stiklainius

Ingridientai

- 1½ svaro (750 g) nektarinų, be kauliukų ir smulkiai pjaustytų
- 2 puodeliai (500 ml) kapotų vyšnių be kauliukų
- 6 Valg. (90 ml) Ball® Classic Pectin
- 2 a.š. (30 ml) buteliuose citrinos sulčių
- 6 puodeliai (1,5 l) cukraus

Nurodymai:

a) Sumaišykite pirmuosius 4 ingredientus į 4 kv. (4 l) nerūdijančio plieno arba emaliuota olandiška orkaitė. Mišinį užvirinkite ant stiprios ugnies, nuolat maišydami, kol jo negalima maišyti.

b) Įpilkite cukraus, maišykite, kad ištirptų. Grąžinkite mišinį iki visiško virimo. Virkite kietai 1 minutę, nuolat maišydami. Nuimkite nuo ugnies. Jei reikia, nugriebtos putos.

c) Karštą uogienę supilkite į karštą stiklainį, palikdami ¼ colio (0,5 cm) vietos. Pašalinkite oro burbuliukus. Nuvalykite stiklainio apvadą. Centrinis stiklainio dangtelis. Užtepkite juostą ir sureguliuokite, kad pirštų galiukai būtų prigludę. Įdėkite stiklainį į verdančio vandens indą. Kartokite, kol visi stiklainiai bus užpildyti.

d) Apdorokite stiklainius 10 minučių, reguliuodami aukštį. Išjunkite šilumą; nuimkite dangtelį ir palikite stiklainius pastovėti 5 minutes. Išimkite stiklainius ir atvėsinkite.

3. Mažai cukraus turintis braškių-tekilos agavų džemas

GADA APIE 4 (½-PT./250 ML) STIKLINIUS

Ingridientai

- 5 puodeliai (1,25 l) pjaustytų šviežių braškių
- ½ puodelio (125 ml) tekilos
- 5 a.š. (75 ml) Ball® mažai arba be cukraus pektino
- 1 puodelis (250 ml) agavų sirupo

Nurodymai:

a) Sumaišykite pirmuosius 2 ingredientus į 4 kv. (4 l) nerūdijančio plieno arba emaliuota olandiška orkaitė. Uogas sutrinkite bulvių trintuvu.

b) Įmaišykite pektiną. Mišinį užvirinkite ant stiprios ugnies, nuolat maišydami, kol jo negalima maišyti.

c) Įmaišykite agavų sirupą. Grąžinkite mišinį iki visiško virimo. Virkite kietai 1 minutę, nuolat maišydami. Nuimkite nuo ugnies. Jei reikia, nugriebtos putos.

d) Karštą uogienę supilkite į karštą stiklainį, palikdami ¼ colio (0,5 cm) vietos. Pašalinkite oro burbuliukus. Nuvalykite stiklainio apvadą. Centrinis stiklainio dangtelis. Užtepkite juostą ir sureguliuokite, kad pirštų galiukai būtų priglude. Įdėkite stiklainį į verdančio vandens indą. Kartokite, kol visi stiklainiai bus užpildyti.

e) Apdorokite stiklainius 10 minučių, reguliuodami aukštį. Išjunkite šilumą; nuimkite dangtelį ir palikite stiklainius pastovėti 5 minutes. Išimkite stiklainius ir atvėsinkite.

4. Šokolado-vyšnių uogienė

GAMINA APIE 6 (½-PT./250-ML) Stiklainius

Ingridientai

- 6 puodeliai (1,5 l) šviežių arba šaldytų vyšnių be kauliukų, stambiai pjaustytų
- 6 Valg. (90 ml) Ball® Classic Pectin
- ¼ puodelio (60 ml) buteliuose citrinos sulčių
- 6 puodeliai (1,5 l) cukraus
- ⅔ puodelio (150 ml) nesaldintos kakavos

Nurodymai:

a) Sumaišykite pirmuosius 3 ingredientus į 4 kv. (4 l) nerūdijančio plieno arba emaliuota olandiška orkaitė. Mišinį užvirinkite ant stiprios ugnies, nuolat maišydami, kol jo negalima maišyti.

b) Tuo tarpu sumaišykite cukrų ir kakavą, kol susimaišys; supilkite viską iš karto į verdantį vyšnių mišinį. Grąžinkite mišinį iki visiško virimo. Virkite kietai 1 minutę, nuolat maišydami. Nuimkite nuo ugnies. Jei reikia, nugriebtos putos.

c) Karštą uogienę supilkite į karštą stiklainį, palikdami ¼ colio (0,5 cm) vietos. Pašalinkite oro burbuliukus. Nuvalykite stiklainio apvadą. Centrinis stiklainio dangtelis. Užtepkite juostą ir sureguliuokite, kad pirštų galiukai būtų prigludę.

Įdėkite stiklainį į verdančio vandens indą. Kartokite, kol visi stiklainiai bus užpildyti.

d) Apdorokite stiklainius 10 minučių, reguliuodami aukštį. Išjunkite šilumą; nuimkite dangtelį ir palikite stiklainius pastovėti 5 minutes. Išimkite stiklainius ir atvėsinkite.

5. Apelsinų-bananų uogienė

GAMINA APIE 5 (½-PT./250-ML) Stiklainius

Ingridientai

- 2 puodeliai (500 ml) šviežių apelsinų sulčių su minkštimu (apie 8 apelsinai)
- 1 puodelis (250 ml) medaus
- 3 a.š. (45 ml) buteliuose citrinos sulčių
- 2 svarai (1 kg) labai prinokusių bananų, nuluptų ir susmulkintų
- 1 vanilės pupelė, padalinta

Nurodymai:

a) Sumaišykite pirmuosius 4 ingredientus į 4 kv. (4 l) nerūdijančio plieno arba emaliuota olandiška orkaitė. Iš vanilės ankšties iškrapštykite sėklas; pridėkite prie bananų mišinio. Virkite, dažnai maišydami, ant vidutinės ugnies apie 25 minutes, kol sustings.

b) Karštą uogienę supilkite į karštą stiklainį, palikdami ¼ colio (0,5 cm) vietos. Pašalinkite oro burbuliukus. Nuvalykite stiklainio apvadą. Centrinis stiklainio dangtelis. Užtepkite juostą ir sureguliuokite, kad pirštų galiukai būtų prigludę. Įdėkite stiklainį į verdančio vandens indą. Kartokite, kol visi stiklainiai bus užpildyti.

c) Apdorokite stiklainius 15 minučių, reguliuodami aukštį. Išjunkite šilumą; nuimkite dangtelį ir palikite stiklainius pastovėti 5 minutes. Išimkite stiklainius ir atvėsinkite.

6. Abrikosų-levandų uogienė

GAMINA APIE 6 (½-PT./250-ML) Stiklainius

Ingridientai

- 4 arb. (20 ml) džiovintų levandų pumpurų
- Sūrio audinys
- Virtuvės virvelė
- 3 svarai (1,5 kg) abrikosų, be kauliukų ir pjaustytų (apie 6 puodeliai / 1,5 l)
- 4 puodeliai (1 l) cukraus
- 3 a.š. (45 ml) buteliuose citrinos sulčių

Nurodymai:

a) Padėkite levandų pumpurus ant 4 colių (10 cm) marlės kvadrato; surišti virtuviniu siūlu.

b) Sudėkite abrikosus į didelį dubenį; sutrinkite bulvių trintuvu, kol sutrins. Įmaišykite cukrų ir citrinos sultis; įdėkite marlės maišelį, maišykite, kol sudrėkins. Uždenkite ir atvėsinkite 4 valandas arba per naktį.

c) Supilkite abrikosų mišinį į 6 kv. (6-L) nerūdijančio plieno arba emaliuota olandiška orkaitė. Užvirinkite ant vidutinės ugnies, maišydami, kol cukrus ištirps. Padidinkite šilumą iki vidutinės-aukštos. Virkite nuolat maišydami 45 minutes arba tol, kol mišinys sutirštės ir saldainių termometras užfiksuos

220°F (104°C). Nuimkite nuo ugnies. Nuimkite ir išmeskite marlės maišelį.

d) Karštą uogienę supilkite į karštą stiklainį, palikdami ¼ colio (0,5 cm) vietos. Pašalinkite oro burbuliukus. Nuvalykite stiklainio apvadą. Centrinis stiklainio dangtelis. Užtepkite juostą ir sureguliuokite, kad pirštų galiukai būtų prigludę. Įdėkite stiklainį į verdančio vandens indą. Kartokite, kol visi stiklainiai bus užpildyti.

e) Apdorokite stiklainius 10 minučių, reguliuodami aukštį. Išjunkite šilumą; nuimkite dangtelį ir palikite stiklainius pastovėti 5 minutes. Išimkite stiklainius ir atvėsinkite.

7. Figų ir kriaušių uogienė

GADA APIE 4 (½-PT./250 ML) STIKLINIUS

Ingridientai

- 2 puodeliai (250 ml) kapotų kriaušių
- 2 puodeliai (250 ml) kapotų šviežių figų
- 4 Valg. (60 ml) Ball® Classic Pectin
- 2 a.š. (30 ml) buteliuose citrinos sulčių
- 1 a.š. (15 ml) vandens
- 3 puodeliai (750 ml) cukraus

Nurodymai:

a) Sumaišykite visus ingredientus, išskyrus cukrų, į 4 kv. (4 l) nerūdijančio plieno arba emaliuota olandiška orkaitė. Mišinį užvirinkite ant stiprios ugnies, nuolat maišydami, kol jo negalima maišyti.

b) Įpilkite cukraus, maišykite, kad ištirptų. Grąžinkite mišinį iki visiško virimo. Virkite kietai 1 minutę, nuolat maišydami. Nuimkite nuo ugnies. Jei reikia, nugriebtos putos.

c) Karštą uogienę supilkite į karštą stiklainį, palikdami ¼ colio (0,5 cm) vietos. Nuvalykite stiklainio apvadą. Centrinis stiklainio dangtelis. Užtepkite juostą ir sureguliuokite, kad pirštų galiukai būtų prigludę. Įdėkite stiklainį į verdančio vandens indą. Kartokite, kol visi stiklainiai bus užpildyti.

d) Apdorokite stiklainius 10 minučių, reguliuodami aukštį. Išjunkite šilumą; nuimkite dangtelį ir palikite stiklainius pastovėti 5 minutes. Išimkite stiklainius ir atvėsinkite.

8. Figų, rozmarinų ir raudonojo vyno uogienė

GADA APIE 4 (½-PT./250-ML) STIKLINIUS

Ingridientai

- 1½ puodelio (375 ml) Merlot arba kito vaisinio raudonojo vyno
- 2 a.š. (30 ml) šviežių rozmarinų lapų
- 2 puodeliai (500 ml) smulkiai pjaustytų šviežių figų
- 3 a.š. (45 ml) Ball® Classic Pectin
- 2 a.š. (30 ml) buteliuose citrinos sulčių
- 2½ puodelio (625 ml) cukraus

Nurodymai:

a) Vyną ir rozmariną užvirinkite nedideliame nerūdijančio plieno arba emaliuotame puode. Išjunkite šilumą; uždenkite ir palikite 30 minučių.

b) Supilkite vyną per ploną vielos tinklelio sietelį į 4 kv. (4-L) nerūdijančio plieno arba emaliuotas puodas. Išmeskite rozmariną. Įmaišykite figus, pektiną ir citrinos sultis. Mišinį užvirinkite ant stiprios ugnies, nuolat maišydami, kol jo negalima maišyti.

c) Įpilkite cukraus, maišykite, kad ištirptų. Grąžinkite mišinį iki visiško virimo. Virkite kietai 1 minutę, nuolat maišydami. Nuimkite nuo ugnies. Jei reikia, nugriebtos putos.

d) Karštą uogienę supilkite į karštą stiklainį, palikdami ¼ colio (0,5 cm) vietos. Pašalinkite oro burbuliukus. Nuvalykite stiklainio apvadą. Centrinis stiklainio dangtelis. Užtepkite juostą ir sureguliuokite, kad pirštų galiukai būtų prigludę. Įdėkite stiklainį į verdančio vandens indą. Kartokite, kol visi stiklainiai bus užpildyti.

e) Apdorokite stiklainius 10 minučių, reguliuodami aukštį. Išjunkite šilumą; nuimkite dangtelį ir palikite stiklainius pastovėti 5 minutes. Išimkite stiklainius ir atvėsinkite.

9. Melionų uogienė

GAMINA APIE 5 (½-PT./250-ML) Stiklainius

Ingridientai

- 14 puodelių (3,5 l) 1 colio (1 cm) meliono arba kitų apelsinų minkštimo meliono kubelių (apie 2 dideli melionai)
- ¼ puodelio (60 ml) košerinės druskos
- 4 puodeliai (1 l) cukraus
- ¾ puodelio (175 ml) buteliuose išpilstytų citrinų sulčių
- 1 a.š. (15 ml) grūstų rožinių pipirų (nebūtina)

Nurodymai:

a) Dideliame dubenyje sumaišykite melioną ir druską. Uždenkite ir palikite pastovėti 2 valandas. Nusausinti; nuplauti šaltu vandeniu. Nusausinkite.

b) Sumaišykite melioną, cukrų ir citrinos sultis 6 kv. (6-L) nerūdijančio plieno arba emaliuota olandiška orkaitė. Užvirinkite; sumažinkite ugnį ir troškinkite neuždengę 20 minučių arba tol, kol melionas suminkštės. Meliono gabalėlius sutrinkite bulvių trintuvu. Troškinkite neuždengę, dažnai maišydami, apie 1 valandą iki stingimo taško. (Melionai išskiria daug vandens, todėl kepimo laikas gali skirtis.) Jei reikia, nugriebkite putas ir, jei norite, įberkite pipirų.

c) Karštą uogienę supilkite į karštą stiklainį, palikdami ¼ colio (0,5 cm) vietos. Pašalinkite oro burbuliukus. Nuvalykite

stiklainio apvadą. Centrinis stiklainio dangtelis. Užtepkite juostą ir sureguliuokite, kad pirštų galiukai būtų prigludę. Įdėkite stiklainį į verdančio vandens indą. Kartokite, kol visi stiklainiai bus užpildyti.

d) Apdorokite stiklainius 15 minučių, reguliuodami aukštį. Išjunkite šilumą; nuimkite dangtelį ir palikite stiklainius pastovėti 5 minutes. Išimkite stiklainius ir atvėsinkite.

10. Persikų-rozmarinų uogienė

GADA APIE 6 (½-PT./250 ML) STIKLINIUS

Ingridientai

- 2½ svaro (1,25 kg) šviežių persikų (5 dideli)
- 1 šaukštelis. (5 ml) laimo žievelės
- 6 Valg. (90 ml) Ball® Classic Pectin
- ¼ puodelio (60 ml) šviežių laimo sulčių (apie 3 laimų)
- 2 (4 colių / 10 cm) rozmarino šakelės
- 5 puodeliai (1,25 l) cukraus

Nurodymai:

a) Persikus nulupkite daržovių skustuvu. Išimkite kauliukus, stambiai supjaustykite. Sutrinkite bulvių trintuvu iki vientisos masės. Išmatuokite 4 puodelius (1 l) susmulkintų persikų į 6 kv. (6-L) nerūdijančio plieno arba emaliuota olandiška orkaitė. Įmaišykite laimo žievelę ir kitus 3 ingredientus.

b) Mišinį užvirinkite ant stiprios ugnies, nuolat maišydami, kol jo negalima maišyti. Verdame 1 minutę, nuolat maišydami.

c) Įpilkite cukraus, maišykite, kad ištirptų. Grąžinkite mišinį iki visiško virimo. Virkite kietai 1 minutę, nuolat maišydami. Nuimkite nuo ugnies. Išimkite ir išmeskite rozmariną. Jei reikia, nugriebtos putos.

d) Karštą uogienę supilkite į karštą stiklainį, palikdami ¼ colio (0,5 cm) vietos. Pašalinkite oro burbuliukus. Nuvalykite stiklainio apvadą. Centrinis stiklainio dangtelis. Užtepkite juostą ir sureguliuokite, kad pirštų galiukai būtų prigludę. Įdėkite stiklainį į verdančio vandens indą. Kartokite, kol visi stiklainiai bus užpildyti.

e) Apdorokite stiklainius 10 minučių, reguliuodami aukštį. Išjunkite šilumą; nuimkite dangtelį ir palikite stiklainius pastovėti 5 minutes. Išimkite stiklainius ir atvėsinkite.

11. Medaus-kriaušių uogienė

GAMINA APIE 5 (½-PT./250-ML) Stiklainius

Ingridientai

- 3¼ svarų (1,5 kg) tvirtos, prinokusios kriaušės
- ½ puodelio (125 ml) obuolių sulčių
- 1 a.š. (15 ml) buteliuose citrinos sulčių
- ½ šaukštelio. (2,5 ml) malto cinamono
- 1 gabalas šviežio imbiero, nulupto ir smulkiai sutarkuoto
- 6 Valg. (90 ml) Ball® mažai arba be cukraus pektino
- ½ puodelio (125 ml) medaus

Nurodymai:

a) Sumaišykite pirmuosius 5 ingredientus į 6 kv. (6-L) nerūdijančio plieno arba emaliuota olandiška orkaitė. Kepkite neuždengę ant vidutinės ugnies 15 minučių arba kol kriaušės suminkštės, retkarčiais pamaišydami. Kriaušių mišinį šiek tiek sutrinkite bulvių trintuvu, sulaužydami didelius gabalėlius.

b) Įmaišykite pektiną. Mišinį užvirinkite ant stiprios ugnies, nuolat maišydami, kol jo negalima maišyti.

c) Įmaišykite medų. Grąžinkite mišinį iki visiško virimo. Virkite kietai 1 minutę, nuolat maišydami. Nuimkite nuo ugnies. Jei reikia, nugriebtos putos.

d) Karštą uogienę supilkite į karštą stiklainį, palikdami $\frac{1}{4}$ colio (0,5 cm) vietos. Pašalinkite oro burbuliukus. Nuvalykite stiklainio apvadą. Centrinis stiklainio dangtelis. Užtepkite juostą ir sureguliuokite, kad pirštų galiukai būtų pridludę. Įdėkite stiklainį į verdančio vandens indą. Kartokite, kol visi stiklainiai bus užpildyti.

e) Apdorokite stiklainius 10 minučių, reguliuodami aukštį. Išjunkite šilumą; nuimkite dangtelį ir palikite stiklainius pastovėti 5 minutes. Išimkite stiklainius ir atvėsinkite.

12. Obuolių pyrago uogienė

GAMINA APIE 5 (½-PT./250-ML) Stiklainius

Ingridientai

- 6 puodeliai (1,5 l) kubeliais supjaustyto nulupto Granny Smith obuolio (apie 6 obuoliai)
- 2 puodeliai (500 ml) obuolių sulčių arba obuolių sidro
- 2 a.š. (30 ml) buteliuose citrinos sulčių
- 3 a.š. (45 ml) Ball® Classic Pectin
- 1 šaukštelis. (5 ml) malto cinamono
- ½ šaukštelio. (2 ml) maltų kvapiųjų pipirų
- ¼ šaukštelio. (1 ml) malto muskato riešuto
- 2 puodeliai (500 ml) cukraus

Nurodymai:

a) Pirmuosius 3 ingredientus užvirinkite 6 qt. (6 l) nerūdijančio plieno arba emaliuota olandiška orkaitė; sumažinkite ugnį ir troškinkite neuždengę 10 minučių arba kol obuolys suminkštės, retkarčiais pamaišydami.

b) Supilkite pektiną ir kitus 3 ingredientus. Mišinį užvirinkite ant stiprios ugnies, nuolat maišydami, kol jo negalima maišyti.

c) Įpilkite cukraus, maišykite, kad ištirptų. Grąžinkite mišinį iki visiško virimo. Virkite kietai 1 minutę, nuolat maišydami. Nuimkite nuo ugnies. Jei reikia, nugriebtos putos.

d) Karštą uogienę supilkite į karštą stiklainį, palikdami $\frac{1}{4}$ colio (0,5 cm) vietos. Pašalinkite oro burbuliukus. Nuvalykite stiklainio apvadą. Centrinis stiklainio dangtelis. Užtepkite juostą ir sureguliuokite, kad pirštų galiukai būtų prigludę. Įdėkite stiklainį į verdančio vandens indą. Kartokite, kol visi stiklainiai bus užpildyti.

e) Apdorokite stiklainius 10 minučių, reguliuodami aukštį. Išjunkite šilumą; nuimkite dangtelį ir palikite stiklainius pastovėti 5 minutes. Išimkite stiklainius ir atvėsinkite.

13. Persikų-burbono uogienė

GAMINA APIE 6 (½-PT./250-ML) Stiklainius

Ingridientai

- 4 svarai (2 kg) šviežių persikų, nuluptų
- 6 Valg. (90 ml) Ball® Classic Pectin
- ¼ puodelio (60 ml) buteliuose citrinos sulčių
- ¼ puodelio (60 ml) burbono
- 2 a.š. (30 ml) smulkiai supjaustyto kristalizuoto imbiero
- 7 puodeliai (1,75 l) cukraus

Nurodymai:

a) Persikus išskobkite ir stambiai supjaustykite. Išmatuokite 4½ puodelio (1,1 l) susmulkintų persikų į 6 kv. (6 l) nerūdijančio plieno arba emaliuota olandiška orkaitė ir sutrinkite bulvių trintuvu, kol tolygiai susmulkinsite. Įmaišykite pektiną ir kitus 3 ingredientus.

b) Mišinį užvirinkite ant stiprios ugnies, nuolat maišydami, kol jo negalima maišyti.

c) Įpilkite cukraus, maišykite, kad ištirptų. Grąžinkite mišinį iki visiško virimo. Virkite kietai 1 minutę, nuolat maišydami. Nuimkite nuo ugnies. Jei reikia, nugriebtos putos.

d) Karštą uogienę supilkite į karštą stiklainį, palikdami ¼ colio (0,5 cm) vietos. Pašalinkite oro burbuliukus. Nuvalykite

stiklainio apvadą. Centrinis stiklainio dangtelis. Užtepkite juostą ir sureguliuokite, kad pirštų galiukai būtų prigludę. Įdėkite stiklainį į verdančio vandens indą. Kartokite, kol visi stiklainiai bus užpildyti.

e) Apdorokite stiklainius 10 minučių, reguliuodami aukštį. Išjunkite šilumą; nuimkite dangtelį ir palikite stiklainius pastovėti 5 minutes. Išimkite stiklainius ir atvėsinkite.

14. Mažai cukraus turintis aviečių "limonado" uogienė

GAMINA APIE 6 (½-PT./250-ML) Stiklainius

Ingridientai

- 3½ svaro (1,6 kg) šviežių aviečių
- ½ puodelio (125 ml) šviežių citrinų sulčių (apie 5 citrinos)
- 4 Valg. (60 ml) Ball® mažai arba be cukraus pektino
- 1½ puodelio (375 ml) medaus

Nurodymai:

a) Įdėkite avietes į 6 kv. (6-L) nerūdijančio plieno arba emaliuota olandiška orkaitė. Avietes sutrinkite bulvių trintuvu.

b) Įmaišykite citrinos sultis ir pektiną. Mišinį užvirinkite ant stiprios ugnies, nuolat maišydami, kol jo negalima maišyti.

c) Įmaišykite medų. Grąžinkite mišinį iki visiško virimo. Virkite kietai 1 minutę, nuolat maišydami. Nuimkite nuo ugnies. Jei reikia, nugriebtos putos.

d) Karštą uogienę supilkite į karštą stiklainį, palikdami ¼ colio (0,5 ml) vietos. Pašalinkite oro burbuliukus. Nuvalykite stiklainio apvadą. Centrinis stiklainio dangtelis. Užtepkite juostą ir sureguliuokite, kad pirštų galiukai būtų prigludę. Įdėkite stiklainį į verdančio vandens indą. Kartokite, kol visi stiklainiai bus užpildyti.

e) Apdorokite stiklainius 10 minučių, reguliuodami aukštį. Išjunkite šilumą; nuimkite dangtelį ir palikite stiklainius pastovėti 5 minutes. Išimkite stiklainius ir atvėsinkite.

15. Pomidorų-žolelių uogienė

GADA APIE 4 (½-PT./250-ML) STIKLINIUS

Ingridientai

- 6 svarų (3 kg) slyvinių pomidorų, išsmeigtų šerdį ir susmulkintų
- 1 šaukštelis. (5 ml) druskos
- ½ šaukštelio. (2 ml) šviežiai maltų juodųjų pipirų
- 3 česnako skiltelės, susmulkintos
- 2 lauro lapai
- 1½ puodelio (375 ml) cukraus
- ½ puodelio (125 ml) balzamiko acto
- ¼ puodelio (60 ml) sauso baltojo vyno
- 2 arb. (10 ml) Provanso žolelių

Nurodymai:

a) Sumaišykite pirmuosius 5 ingredientus į 6 kv. (6-L) nerūdijančio plieno arba emaliuota olandiška orkaitė. Virkite neuždengę ant vidutinės ugnies 1 valandą arba tol, kol sumažės per pusę, dažnai maišydami.

b) Įmaišykite cukrų ir kitus 3 ingredientus. Virkite neuždengę ant vidutinės ugnies 45 minutes arba tol, kol sutirštės, retkarčiais pamaišydami. Išimkite ir išmeskite lauro lapus.

c) Supilkite karštą uogienę į karštą stiklainį, palikdami ¼ colio (0,5 ml) vietos. Pašalinkite oro burbuliukus. Nuvalykite stiklainio apvadą. Centrinis stiklainio dangtelis. Užtepkite juostą ir sureguliuokite, kad pirštų galiukai būtų prigludę. Įdėkite stiklainį į verdančio vandens indą. Kartokite, kol visi stiklainiai bus užpildyti.

d) Apdorokite stiklainius 10 minučių, reguliuodami aukštį. Išjunkite šilumą; nuimkite dangtelį ir palikite stiklainius pastovėti 5 minutes. Išimkite stiklainius ir atvėsinkite.

16. Cukinijų-duonos uogienė

GADA APIE 4 (½-PT./250-ML) STIKLINIUS

Ingridientai

- 4 puodeliai (1 l) susmulkintų cukinijų
- 1 puodelis (250 ml) obuolių sulčių
- 6 Valg. (90 ml) Ball® Classic Pectin
- ¼ puodelio (60 ml) auksinių razinų
- 1 a.š. (15 ml) buteliuose citrinos sulčių
- 1 šaukštelis. (5 ml) malto cinamono
- ½ šaukštelio. (2 ml) malto muskato riešuto
- 3 puodeliai (750 ml) cukraus

Nurodymai:

a) Sumaišykite visus ingredientus, išskyrus cukrų, į 6 kv. (6-L) nerūdijančio plieno arba emaliuota olandiška orkaitė. Mišinį užvirinkite ant stiprios ugnies, nuolat maišydami, kol jo negalima maišyti.

b) Įpilkite cukraus, maišykite, kad ištirptų. Grąžinkite mišinį iki visiško virimo. Virkite kietai 1 minutę, nuolat maišydami. Nuimkite nuo ugnies. Jei reikia, nugriebtos putos.

c) Karštą uogienę supilkite į karštą stiklainį, palikdami ¼ colio (0,5 cm) vietos. Pašalinkite oro burbuliukus. Nuvalykite

stiklainio apvadą. Centrinis stiklainio dangtelis. Užtepkite juostą ir sureguliuokite, kad pirštų galiukai būtų prigludę. Įdėkite stiklainį į verdančio vandens indą. Kartokite, kol visi stiklainiai bus užpildyti.

d) Apdorokite stiklainius 15 minučių, reguliuodami aukštį. Išjunkite šilumą; nuimkite dangtelį ir palikite stiklainius pastovėti 5 minutes. Išimkite stiklainius ir atvėsinkite.

17. Uogų-ala uogienė

GAMINA APIE 6 (½-PT./250-ML) Stiklainius

Ingridientai

- 2 puodeliai (500 ml) aviečių, mėlynių arba braškių
- 2 (12 uncijų / 355 ml) buteliai flat pale ale
- 6 Valg. (90 ml) Ball® Classic Pectin
- 1 šaukštelis. (5 ml) citrinos žievelės
- 2 a.š. (30 ml) šviežių citrinų sulčių
- 4 puodeliai (1 l) cukraus

Nurodymai:

a) Sudėkite uogas į 6 kv. (6-L) nerūdijančio plieno arba emaliuota olandiška orkaitė. Uogas sutrinkite bulvių trintuvu. Įmaišykite alų ir kitus 3 ingredientus. Mišinį užvirinkite ant stiprios ugnies, nuolat maišydami, kol jo negalima maišyti.

b) Įpilkite cukraus, maišykite, kad ištirptų. Grąžinkite mišinį iki visiško virimo. Virkite kietai 1 minutę, nuolat maišydami. Nuimkite nuo ugnies. Jei reikia, nugriebtos putos.

c) Karštą uogienę supilkite į karštą stiklainį, palikdami ¼ colio (0,5 cm) vietos. Pašalinkite oro burbuliukus. Nuvalykite stiklainio apvadą. Centrinis stiklainio dangtelis. Užtepkite juostą ir sureguliuokite, kad pirštų galiukai būtų pригludę. Įdėkite stiklainį į verdančio vandens indą. Kartokite, kol visi stiklainiai bus užpildyti.

d) Apdorokite stiklainius 10 minučių, reguliuodami aukštį. Išjunkite šilumą; nuimkite dangtelį ir palikite stiklainius pastovėti 5 minutes. Išimkite stiklainius ir atvėsinkite.

18. Mažai cukraus turintis obuolių-čili uogienė

GAMINA APIE 5 (½-PT./250-ML) Stiklainius

Ingridientai

- 2 dideli obuoliai (apie 8¼ uncijos / 480 g, kiekvienas), nulupti ir sutarkuoti

- 3 a.š. (45 ml) buteliuose citrinos sulčių

- 4 puodeliai (1 l) obuolių sulčių

- 3 a.š. (45 ml) Ball® mažai arba be cukraus pektino

- 1 a.š. (15 ml) susmulkintų čili de árbol arba džiovintų maltų raudonųjų pipirų

- ½ puodelio (125 ml) cukraus

- ½ puodelio (125 ml) medaus

Nurodymai:

a) Sumaišykite tarkuotus obuolius ir citrinos sultis 4 kv. (4 l) nerūdijančio plieno arba emaliuota olandiška orkaitė. Virkite nuolat maišydami 10 minučių arba tol, kol obuolys suminkštės.

b) Įmaišykite obuolių sultis, pektiną ir susmulkintą chile de árbol. Mišinį užvirinkite ant stiprios ugnies, nuolat maišydami, kol jo negalima maišyti.

c) Įpilkite cukraus ir medaus, maišykite, kad cukrus ištirptų. Grąžinkite mišinį iki visiško virimo. Virkite kietai 1 minutę, nuolat maišydami. Nuimkite nuo ugnies. Jei reikia, nugriebtos putos.

d) Karštą uogienę supilkite į karštą stiklainį, palikdami ¼ colio (0,5 cm) vietos. Pašalinkite oro burbuliukus. Nuvalykite stiklainio apvadą. Centrinis stiklainio dangtelis. Užtepkite juostą ir sureguliuokite, kad pirštų galiukai būtų pригludę. Įdėkite stiklainį į verdančio vandens indą. Kartokite, kol visi stiklainiai bus užpildyti.

e) Apdorokite stiklainius 10 minučių, reguliuodami aukštį. Išjunkite šilumą; nuimkite dangtelį ir palikite stiklainius pastovėti 5 minutes. Išimkite stiklainius ir atvėsinkite.

19. Balzamiko-svogūnų uogienė

GAMINA APIE 5 (½-PT./250-ML) Stiklainius

Ingridientai

- 2 svarai (1 kg) svogūnų, supjaustytų kubeliais
- ½ puodelio (125 ml) balzamiko acto
- ½ puodelio (125 ml) klevų sirupo
- 1½ šaukštelio. (7,5 ml) druskos
- 2 arb. (10 ml) maltų baltųjų pipirų
- 1 lauro lapas
- 2 puodeliai (500 ml) obuolių sulčių
- 3 a.š. (45 ml) Ball® mažai arba be cukraus pektino
- ½ puodelio (125 ml) cukraus

Nurodymai:

a) Sumaišykite pirmuosius 6 ingredientus į 6 kv. (6-L) nerūdijančio plieno arba emaliuota olandiška orkaitė. Kepkite ant vidutinės ugnies 15 minučių arba kol svogūnai taps skaidrūs, retkarčiais pamaišydami.

b) Įmaišykite obuolių sultis ir pektiną. Mišinį užvirinkite ant stiprios ugnies, nuolat maišydami, kol jo negalima maišyti.

c) Įpilkite cukraus, maišykite, kad ištirptų. Grąžinkite mišinį iki visiško virimo. Virkite kietai 1 minutę, nuolat maišydami. Nuimkite nuo ugnies. Išimkite ir išmeskite lauro lapą. Jei reikia, nugriebtos putos.

d) Karštą uogienę supilkite į karštą stiklainį, palikdami ¼ colio (0,5 cm) vietos. Pašalinkite oro burbuliukus. Nuvalykite stiklainio apvadą. Centrinis stiklainio dangtelis. Užtepkite juostą ir sureguliuokite, kad pirštų galiukai būtų prigludę. Įdėkite stiklainį į verdančio vandens indą. Kartokite, kol visi stiklainiai bus užpildyti.

e) Apdorokite stiklainius 15 minučių, reguliuodami aukštį. Išjunkite šilumą; nuimkite dangtelį ir palikite stiklainius pastovėti 5 minutes. Išimkite stiklainius ir atvėsinkite.

20. Mėlynių-citrinų uogienė

GADA APIE 4 (½-PT./250-ML) STIKLINIUS

Ingridientai

- 4 puodeliai (1 l) šviežių mėlynių
- 3½ stiklinės (1,6 l) cukraus
- 1 šaukštelis. (5 ml) citrinos žievelės
- 1 a.š. (15 ml) šviežių citrinų sulčių
- 1 (3 uncijos/88,5 ml) maišelis „Ball® Liquid Pectin".

Nurodymai:

a) Mėlynes nuplaukite, nusausinkite ir šaukštu lengvai sutrinkite (tik tiek, kad suskiltų odelės). Išmatuokite 2½ puodelio (625 ml) susmulkintų mėlynių į 6 kv. (6-L) nerūdijančio plieno arba emaliuota olandiška orkaitė.

b) Įpilkite cukraus ir kitus 2 ingredientus. Mišinį užvirinkite ant stiprios ugnies, nuolat maišydami, kol jo negalima maišyti.

c) Įpilkite pektino, iš karto išspauskite visą turinį iš maišelio. Tęskite kietą virimą 1 minutę, nuolat maišydami. Nuimkite nuo ugnies. Jei reikia, nugriebtos putos.

d) Karštą mišinį supilkite į karštą stiklainį, palikdami 0,5 cm tarpą. Pašalinkite oro burbuliukus. Nuvalykite stiklainio apvadą. Centrinis stiklainio dangtelis. Užtepkite juostą ir sureguliuokite, kad pirštų galiukai būtų pригludę. Įdėkite stiklainį į verdančio vandens indą. Kartokite, kol visi stiklainiai bus užpildyti.

e) Apdorokite stiklainius 10 minučių, reguliuodami aukštį. Išjunkite šilumą; nuimkite dangtelį ir palikite stiklainius pastovėti 5 minutes. Išimkite stiklainius ir atvėsinkite.

21. Obuolių uogienė

Ingridientai:

- 2 puodeliai nuluptų, ištrintų ir susmulkintų kriaušių
- 1 puodelis nuluptų, nuluptų ir supjaustytų obuolių
- 6-1/2 stiklinės cukraus
- 1/4 arbatinio šaukštelio malto cinamono
- 1/3 puodelio buteliuose citrinos sulčių
- 6 uncijos. skystas pektinas

Nurodymai:

a) Susmulkinkite obuolius ir kriaušes dideliame puode ir įmaišykite cinamoną.

b) Cukrų ir citrinos sultis kruopščiai sumaišykite su vaisiais ir nuolat maišydami užvirinkite ant stiprios ugnies. Nedelsdami įmaišykite pektiną. Visiškai užvirkite ir virkite kietai 1 minutę nuolat maišydami.

c) Nukelkite nuo ugnies, greitai nugriebkite putas ir užpildykite sterilius stiklainius, palikdami 1/4 colio tarpą. Nuvalykite stiklainių kraštus sudrėkintu švariu popieriniu rankšluosčiu.

d) Sureguliuokite dangčius ir apdorokite.

22. Braškių-rabarbarų želė

Ingridientai:

- 1-1/2 svaro. raudoni rabarbarų stiebai
- 1-1/2 kv. prinokusių braškių
- 1/2 arbatinio šaukštelio sviesto arba margarino putoms sumažinti
- 6 puodeliai cukraus
- 6 uncijos. skystas pektinas

Nurodymai:

a) Nuplaukite ir supjaustykite rabarbarus 1 colio gabalėliais ir sutrinkite arba sumalkite. Braškes po vieną sluoksnį nuplaukite, nukoškite ir sutrinkite puode.

b) Abu vaisius sudėkite į želė maišelį arba dvigubą marlės sluoksnį ir švelniai išspauskite sultis. Į didelį puodą išmatuokite 3-1/2 puodelio sulčių. Įpilkite sviesto ir cukraus, gerai išmaišykite į sultis.

c) Nuolat maišydami užvirinkite ant stiprios ugnies. Nedelsdami įmaišykite pektiną. Visiškai užvirkite ir virkite kietai 1 minutę nuolat maišydami.

d) Nukelkite nuo ugnies, greitai nugriebkite putas ir užpildykite sterilius stiklainius, palikdami 1/4 colio tarpą. Nuvalykite stiklainių kraštus sudrėkintu švariu popieriniu rankšluosčiu.

e) Sureguliuokite dangčius ir apdorokite.

23. Mėlynių-prieskonių uogienė

Ingridientai:

- 2-1/2 pintos prinokusių mėlynių
- 1 valgomasis šaukštas citrinos sulčių
- 1/2 arbatinio šaukštelio malto muskato arba cinamono
- 5-1/2 stiklinės cukraus
- 3/4 puodelio vandens
- 1 dėžutė (1-3/4 uncijos) miltelių pavidalo pektino

Nurodymai:

a) Mėlynes po vieną sluoksnį nuplaukite ir sutrinkite puode. Įpilkite citrinos sulčių, prieskonių ir vandens. Įmaišykite pektiną ir užvirkite ant stiprios ugnies, dažnai maišydami.

b) Įpilkite cukraus ir vėl užvirkite. Stipriai verdame 1 minutę nuolat maišydami.

c) Nukelkite nuo ugnies, greitai nugriebkite putas ir užpildykite sterilius stiklainius, palikdami 1/4 colio tarpą. Nuvalykite stiklainių kraštus sudrėkintu švariu popieriniu rankšluosčiu.

d) Sureguliuokite dangčius ir apdorokite.

24. Vynuogių-slyvų želė

Ingridientai:

- 3-1/2 svaro. prinokusių slyvų
- 3 svarai. prinokusios Concord vynuogės
- 1 puodelis vandens
- 1/2 arbatinio šaukštelio sviesto arba margarino putojimui sumažinti (nebūtina)
- 8-1/2 stiklinės cukraus
- 1 dėžutė (1-3/4 uncijos) miltelių pavidalo pektino

Nurodymai:

a) Nuplaukite ir išskobkite slyvas; nelupti. Puode su vandeniu po vieną sluoksnį kruopščiai sutrinkite slyvas ir vynuoges. Užvirkite, uždenkite ir troškinkite 10 minučių.

b) Perpilkite sultis per želė maišelį arba dvigubą marlės sluoksnį. Išmatuokite cukrų ir atidėkite.

c) Dideliame puode sumaišykite 6-1/2 puodelio sulčių su sviestu ir pektinu. Visą laiką maišydami užvirkite ant stiprios ugnies. Įpilkite cukraus ir vėl užvirkite. Stipriai verdame 1 minutę nuolat maišydami.

d) Nukelkite nuo ugnies, greitai nugriebkite putas ir užpildykite sterilius stiklainius, palikdami 1/4 colio tarpą. Nuvalykite stiklainių kraštus sudrėkintu švariu popieriniu rankšluosčiu.

e) Sureguliuokite dangčius ir apdorokite.

25. Auksinių pipirų želė

Ingridientai:

- 5 puodeliai kapotų geltonųjų paprikų
- ½ puodelio kapotų Serrano čili pipirų
- 1-1/2 stiklinės baltojo distiliuoto acto (5%)
- 5 puodeliai cukraus
- 1 maišelis (3 uncijos) skysto pektino

Nurodymai:

a) Kruopščiai nuplaukite visas paprikas; iš paprikos pašalinkite stiebus ir sėklas. Saldžiąsias ir aitriąsias paprikas dėkite į trintuvą arba virtuvinį kombainą.

b) Įpilkite tiek acto, kad paprikos sutrintų, tada sutrinkite. Sumaišykite pipirų-acto tyrę ir likusį actą į 8 arba 10 litrų puodą. Pakaitinkite iki virimo; tada virkite 10 minučių, kad išsiskirtų skoniai ir spalva.

c) Nukelkite nuo ugnies ir per želė maišelį perkoškite į dubenį. (Pirmenybė teikiama želė maišeliui; taip pat gali būti naudojami keli marlės sluoksniai.)

d) Išmatuokite 2-1/4 puodelių pertrintų pipirų acto sulčių atgal į puodą. Įmaišykite cukrų, kol ištirps, ir vėl užvirkite. Suberkite pektiną, vėl užvirkite ir nuolat maišydami stipriai virkite 1 minutę.

e) Nukelkite nuo ugnies, greitai nugriebkite visas putas ir supilkite į sterilius stiklainius, palikdami 1/4 colio tarpą. Nuvalykite stiklainių kraštus sudrėkintu švariu popieriniu rankšluosčiu.

f) Sureguliuokite dangčius ir apdorokite.

26. Persikų-ananasų užtepėlė

Ingridientai:

- 4 puodeliai nusausinto persiko minkštimo
- 2 puodeliai nusausintų nesaldžių susmulkintų ananasų
- 1/4 puodelio buteliuose citrinos sulčių
- 2 puodeliai cukraus (nebūtina)

Nurodymai:

a) Kruopščiai nuplaukite 4-6 svarus tvirtų, prinokusių persikų. Gerai nusausinkite. Nulupkite ir pašalinkite kauliukus. Vaisių minkštimą sumalkite vidutiniais arba stambiais peiliukais arba sutrinkite šakute (nenaudokite trintuvo).

b) Į 2 litrų puodą sudėkite maltus arba susmulkintus vaisius. Lėtai kaitinkite, kad išsiskirtų sultys, nuolat maišydami, kol vaisiai suminkštės.

c) Išvirtus vaisius sudėkite į želė maišelį arba sietelį, išklotą keturiais marlės sluoksniais. Leiskite sultims nuvarvėti apie 15 minučių. Išsaugokite sultis želė ar kitiems tikslams.

d) Užtepimui paruošti išmatuokite 4 puodelius nusausinto vaisių minkštimo. 4 litrų puode sumaišykite 4 puodelius minkštimo, ananasų ir citrinos sulčių. Jei norite, įpilkite iki 2 puodelių cukraus ir gerai išmaišykite. Pakaitinkite ir švelniai virkite 10-15 minučių, pakankamai maišydami, kad nesuliptų.

e) Greitai pripildykite karštus stiklainius, palikdami 1/4 colio vietos. Nuvalykite stiklainių kraštus sudrėkintu švariu popieriniu rankšluosčiu.

f) Sureguliuokite dangčius ir apdorokite.

27. Šaldyta obuolių užtepėlė

Ingridientai:

- 2 valgomieji šaukštai beskonių želatinos miltelių
- 1 litro butelis nesaldintų obuolių sulčių
- 2 valgomieji šaukštai buteliuose išpilstytų citrinų sulčių
- 2 valgomieji šaukštai skysto mažo kaloringumo saldiklio
- Maistiniai dažikliai, jei pageidaujama

Nurodymai:

a) Puode suminkštinkite želatiną obuolių ir citrinų sultyse. Kad ištirptų želatina, visiškai užvirkite ir virkite 2 minutes. Nuimkite nuo ugnies. Jei norite, įmaišykite saldiklio ir maistinių dažiklių.

b) Užpildykite stiklainius, palikdami 1/4 colio tarpą. Nuvalykite stiklainių kraštus sudrėkintu švariu popieriniu rankšluosčiu. Sureguliuokite dangčius. Neapdoroti ir neužšaldyti.

c) Laikyti šaldytuve ir sunaudoti per 4 savaites.

28. Šaldytuvo vynuogių užtepėlė

Ingridientai:

- 2 valgomieji šaukštai beskonių želatinos miltelių
- 1 butelis (24 uncijos) nesaldintų vynuogių sulčių
- 2 valgomieji šaukštai buteliuose išpilstytų citrinų sulčių
- 2 valgomieji šaukštai skysto mažo kaloringumo saldiklio

Nurodymai:

a) Puode suminkštinkite želatiną vynuogių ir citrinų sultyse. Visiškai užvirkite, kad ištirptų želatina. Virkite 1 minutę ir nukelkite nuo ugnies. Įmaišykite saldiklį.

b) Greitai pripildykite karštus stiklainius, palikdami 1/4 colio vietos. Nuvalykite stiklainių kraštus sudrėkintu švariu popieriniu rankšluosčiu.

c) Sureguliuokite dangčius. Neapdoroti ir neužšaldyti.

d) Laikyti šaldytuve ir sunaudoti per 4 savaites.

29. Obuolių želė be pektino

Ingridientai:

- 4 puodeliai obuolių sulčių
- 2 šaukštai nutrintų citrinų sulčių, jei pageidaujama
- 3 puodeliai cukraus

Nurodymai:

a) Norėdami paruošti sultis. Naudokite vieną ketvirtadalį nepakankamai prinokusių obuolių iki trijų ketvirtadalių visiškai prinokusių aitrokų vaisių.

b) Rūšiuoti, nuplauti ir nuimti stiebus bei žiedų galus; neperpjauti ir nesudaryti pagrindo. Supjaustykite obuolius mažais gabalėliais. Įpilkite vandens, uždenkite ir užvirinkite ant stiprios ugnies. Sumažinkite ugnį ir troškinkite 20–25 minutes arba tol, kol obuoliai suminkštės. Ištraukite sultis.

c) Želei gaminti. Išmatuokite obuolių sultis į virdulį. Įpilkite citrinos sulčių ir cukraus ir gerai išmaišykite. Virkite ant stiprios ugnies iki 8 °F virš vandens virimo temperatūros arba tol, kol želė mišinys nukris į lakštą iš šaukšto.

d) Nuimkite nuo ugnies; greitai nugriebti putas. Nedelsdami supilkite želė į karštus, sterilius konservavimo stiklainius $\frac{1}{4}$ colio atstumu nuo viršaus. Uždarykite ir 5 minutes palaikykite verdančio vandens vonelėje.

30. Obuolių marmeladas be pektino

Ingridientai:

- 8 puodeliai plonais griežinėliais pjaustytų obuolių
- 1 apelsinas
- 1½ stiklinės vandens
- 5 puodeliai cukraus
- 2 šaukštai citrinos sulčių

Nurodymai:

a) Vaisiams paruošti. Pasirinkite pyragus obuolius. Nuplaukite, nulupkite, supjaustykite ir išskobkite obuolius. Supjaustykite plonai. Apelsiną supjaustykite ketvirčiais, pašalinkite visas sėklas ir supjaustykite labai plonais griežinėliais.

b) Marmeladui gaminti. Vandenį ir cukrų pakaitinkite, kol cukrus ištirps. Įpilkite citrinos sulčių ir vaisių. Greitai virkite, nuolat maišydami, iki 9 °F virš vandens virimo temperatūros arba tol, kol mišinys sutirštės. Nuimkite nuo ugnies; nugriebti.

c) Nedelsdami supilkite į karštus, sterilius konservavimo stiklainius ½ colio atstumu nuo viršaus. Antspaudas. Apdorokite 5 minutes verdančio vandens vonioje.

31. Gervuogių želė be pektino

Ingridientai:

- 8 puodeliai gervuogių sulčių
- 6 puodeliai cukraus

Nurodymai:

a) Norėdami paruošti sultis. Pasirinkite vieną ketvirtadalį nepakankamai prinokusių uogų ir trijų ketvirtadalių prinokusių vaisių. Rūšiuoti ir išplauti; nuimkite visus stiebus ar dangtelius. Uogas susmulkinkite, įpilkite vandens, uždenkite ir užvirinkite ant stiprios ugnies. Sumažinkite ugnį ir troškinkite 5 minutes. Ištraukite sultis.

b) Želei gaminti. Išmatuokite sultis į virdulį. Suberkite cukrų ir gerai išmaišykite. Virkite ant stiprios ugnies iki 8 °F virš vandens virimo temperatūros arba tol, kol želė mišinys nukris į lakštą iš šaukšto.

c) Nuimkite nuo ugnies; greitai nugriebti putas. Nedelsdami supilkite želė į karštus, sterilius konservavimo stiklainius $\frac{1}{4}$ colio atstumu nuo viršaus. Uždarykite ir 5 minutes palaikykite verdančio vandens vonelėje.

32. Vyšnių želė su pektino milteliais

Ingridientai:

- 3 ½ stiklinės vyšnių sulčių
- 1 pakuotė miltelių pektino
- 4 ½ stiklinės cukraus

Nurodymai:

a) Norėdami paruošti sultis. Pasirinkite visiškai subrendusias vyšnias. Rūšiuoti, nuplauti ir pašalinti stiebus; nekalti duobės. Vyšnias susmulkinti, įpilti vandens, uždengti, užvirti ant stiprios ugnies. Sumažinkite ugnį ir troškinkite 10 minučių. Ištraukite sultis.

b) Želei gaminti. Išmatuokite sultis į virdulį. Įpilkite pektino ir gerai išmaišykite. Uždėkite ant stiprios ugnies ir nuolat maišydami greitai užvirkite iki visiško užvirimo, kurio negalima maišyti.

c) Suberkite cukrų, toliau maišykite ir vėl kaitinkite iki visiško virimo. Stipriai pavirkite 1 minutę.

d) Nuimkite nuo ugnies; greitai nugriebti putas. Supilkite želė į karštus, sterilius konservavimo stiklainius ¼ colio atstumu nuo viršaus. Uždarykite ir 5 minutes palaikykite verdančio vandens vonelėje.

33. Vyšnių uogienė su pektino milteliais

Ingridientai:

- 4 puodeliai maltų vyšnių be kauliukų
- 1 pakuotė miltelių pektino
- 5 puodeliai cukraus

Nurodymai:

a) Vaisiams paruošti. Rūšiuoti ir nuplauti visiškai subrendusias vyšnias; pašalinti stiebus ir kauliukus. Vyšnias sumalkite arba smulkiai supjaustykite.

b) Uogienei gaminti. Išmatuokite paruoštas vyšnias į virdulį. Įpilkite pektino ir gerai išmaišykite. Padėkite ant stiprios ugnies ir, nuolat maišydami, greitai užvirkite iki galo su burbuliukais per visą paviršių.

c) Suberkite cukrų, toliau maišykite ir vėl kaitinkite iki pilno virimo. Stipriai verdame 1 minutę nuolat maišydami. Iš naujo pašalinkite iš karščio; nugriebti.

d) Nedelsdami supilkite į karštus, sterilius konservavimo stiklainius $\frac{1}{4}$ colio atstumu nuo viršaus. Uždenkite ir 5 minutes apdorokite verdančio vandens vonelėje.

34. Figų uogienė su skystu pektinu

Ingridientai:

- 4 puodeliai susmulkintų figų (apie 3 svarai figų)
- ½ puodelio citrinos sulčių
- 7 ½ stiklinės cukraus
- ½ butelio skysto pektino

Nurodymai:

a) Vaisiams paruošti. Rūšiuoti ir nuplauti visiškai subrendusias figas; pašalinti stiebo galus. Susmulkinkite arba sumalkite vaisius.

b) Uogienei gaminti. Susmulkintas figas ir citrinos sultis sudėkite į virdulį. Suberkite cukrų ir gerai išmaišykite. Padėkite ant stiprios ugnies ir, nuolat maišydami, greitai užvirkite, kad per visą paviršių būtų burbuliukai. Stipriai verdame 1 minutę nuolat maišydami.

c) Nuimkite nuo ugnies. Įmaišykite pektiną. Greitai nugriebkite putas. Nedelsdami supilkite į karštus, sterilius konservavimo stiklainius ¼ colio atstumu nuo viršaus. Uždenkite ir 5 minutes apdorokite verdančio vandens vonelėje.

35. Vynuogių želė su pektino milteliais

Ingridientai:

- 5 puodeliai vynuogių sulčių
- 1 pakuotė miltelių pektino
- 7 puodeliai cukraus

Nurodymai:

a) Norėdami paruošti sultis. Iš visiškai prinokusių vynuogių rūšiuokite, nuplaukite ir pašalinkite stiebus. Susmulkinkite vynuoges, įpilkite vandens, uždenkite ir užvirkite ant stiprios ugnies. Sumažinkite ugnį ir troškinkite 10 minučių. Ištraukite sultis.

b) Želei gaminti. Išmatuokite sultis į virdulį. Įpilkite pektino ir gerai išmaišykite. Uždėkite ant stiprios ugnies ir nuolat maišydami greitai užvirkite iki visiško užvirimo, kurio negalima maišyti.

c) Įpilkite cukraus, toliau maišykite ir vėl užvirkite iki visiško virimo. Stipriai pavirkite 1 minutę.

d) Nuimkite nuo ugnies; greitai nugriebti putas. Nedelsdami supilkite želė į karštus, sterilius konservavimo stiklainius $\frac{1}{4}$ colio atstumu nuo viršaus. Uždarykite ir 5 minutes palaikykite verdančio vandens vonelėje.

Padaro 8 arba 9 puslitrinius stiklainius.

36. Mėtų-ananasų uogienė su skystu pektinu

Ingridientai:

- Vienas 20 uncijų. gali susmulkinti ananasai ¾ puodelio vandens
- ¼ puodelio citrinos sulčių
- 7 ½ stiklinės cukraus
- 1 buteliukas skysto pektino ½ arbatinio šaukštelio mėtų ekstrakto Keli lašai žalios spalvos

Nurodymai:

a) Susmulkintus ananasus sudėkite į virdulį. Įpilkite vandens, citrinos sulčių ir cukraus. Gerai išmaišykite.

b) Padėkite ant stiprios ugnies ir nuolat maišydami, greitai užvirkite iki galo su burbuliukais per visą paviršių. Stipriai verdame 1 minutę nuolat maišydami. Nuimkite nuo ugnies; pridėti pektino, kvapiųjų medžiagų ekstrakto ir dažiklių. Nugriebti.

c) Nedelsdami supilkite į karštus, sterilius konservavimo stiklainius ¼ colio atstumu nuo viršaus. Uždenkite ir 5 minutes apdorokite verdančio vandens vonelėje.

Padaro 9 arba 10 puslitrinių stiklainių.

37. Vaisių želė sumaišyta su skystu pektinu

Ingridientai:

- 2 puodeliai spanguolių sulčių
- 2 puodeliai svarainių sulčių
- 1 puodelis obuolių sulčių
- 7 $\frac{1}{2}$ stiklinės cukraus
- $\frac{1}{2}$ butelio skysto pektino

Nurodymai:

a) Vaisiams paruošti. Išrūšiuokite ir nuplaukite visiškai subrendusias spanguoles. Įpilkite vandens, uždenkite ir užvirkite ant stiprios ugnies. Sumažinkite ugnį ir troškinkite 20 minučių. Ištraukite sultis.

b) Svarainius rūšiuoti ir nuplauti. Pašalinkite stiebus ir žiedų galus; neperpjauti ir nesudaryti pagrindo. Labai plonai supjaustykite arba supjaustykite mažais gabalėliais. Įpilkite vandens, uždenkite ir užvirkite ant stiprios ugnies. Sumažinkite ugnį ir troškinkite 25 minutes. Ištraukite sultis.

c) Rūšiuoti ir nuplauti obuolius. Pašalinkite stiebus ir žiedų galus; neperpjauti ir nesudaryti pagrindo. Supjaustykite mažais gabalėliais. Įpilkite vandens, uždenkite ir užvirkite ant stiprios ugnies. Sumažinkite ugnį ir troškinkite 20 minučių. Ištraukite sultis.

d) Želei gaminti. Išmatuokite sultis į virdulį. Suberti cukrų. Uždėkite ant stiprios ugnies ir, nuolat maišydami, greitai užvirkite iki pilno virimo, kurio negalima maišyti.

e) Įpilkite pektino ir vėl užvirkite. Stipriai pavirkite 1 minutę.

f) Nuimkite nuo ugnies; greitai nugriebti putas. Nedelsdami supilkite želė į karštus, sterilius konservavimo stiklainius $\frac{1}{4}$ colio atstumu nuo viršaus. Uždarykite ir 5 minutes palaikykite verdančio vandens vonelėje.

Padaro devynis ar dešimt 8 uncijų stiklainių.

38. Apelsinų želė

Ingridientai:

- 3 ¼ stiklinės cukraus
- 1 puodelis vandens
- 3 šaukštai citrinos sulčių ½ butelio skysto pektino
- Viena 6 uncijų skardinė (¾ puodelio) šaldytų koncentruotų apelsinų sulčių

Nurodymai:

a) Į vandenį įmaišykite cukrų. Uždėkite ant stiprios ugnies ir, nuolat maišydami, greitai užvirkite iki pilno virimo, kurio negalima maišyti.

b) Įpilkite citrinos sulčių. Stipriai pavirkite 1 minutę.

c) Nuimkite nuo ugnies. Įmaišykite pektiną. Supilkite atšildytas koncentruotas apelsinų sultis ir gerai išmaišykite.

d) Nedelsdami supilkite želė į karštus, sterilius konservavimo stiklainius ¼ colio atstumu nuo viršaus. Uždarykite ir 5 minutes palaikykite verdančio vandens vonelėje.

Padaro 4 ar 5 puslitrinius stiklainius.

39. Apelsinų želė su prieskoniais

Ingridientai:

- 2 puodeliai apelsinų sulčių
- 1/3 puodelio citrinos sulčių
- 2/3 puodelio vandens
- 1 pakuotė miltelių pektino
- 2 šaukštai apelsino žievelės, susmulkintos
- 1 arbatinis šaukštelis nesmulkintų kvapiųjų pipirų
- ½ arbatinio šaukštelio sveikų gvazdikėlių
- 4 cinamono lazdelės, 2 colių ilgio
- 3 ½ stiklinės cukraus

Nurodymai:

a) Dideliame puode sumaišykite apelsinų sultis, citrinos sultis ir vandenį.

b) Įmaišykite pektiną.

c) Apelsinų žievelę, kvapiuosius pipirus, gvazdikėlius ir cinamono lazdeles laisvai įdėkite į švarų baltą audinį, suriškite virvele ir supilkite vaisių mišinį.

d) Uždėkite ant stiprios ugnies ir, nuolat maišydami, greitai užvirkite iki pilno virimo, kurio negalima maišyti.

e) Suberkite cukrų, toliau maišykite ir vėl kaitinkite iki pilno, besisukančio virimo. Stipriai pavirkite 1 minutę.

f) Nuimkite nuo ugnies. Išimkite prieskonių maišelį ir greitai nuimkite putas. Nedelsdami supilkite želė į karštus, sterilius konservavimo stiklainius $\frac{1}{4}$ colio atstumu nuo viršaus. Uždarykite ir 5 minutes palaikykite verdančio vandens vonelėje.

Padaro 4 puslitrinius stiklainius.

40. Apelsinų marmeladas

Ingridientai:

- ¾ puodelio greipfruto žievelės (½ greipfruto)
- ¾ puodelio apelsino žievelės (1 apelsinas)
- 13/ puodelio citrinos žievelės (1 citrina)
- 1 litras šalto vandens
- 1 greipfruto minkštimas
- 4 vidutinio dydžio apelsinų minkštimas
- 2 puodeliai citrinos sulčių
- 2 puodeliai verdančio vandens
- 3 puodeliai cukraus

Nurodymai:

a) Vaisiams paruošti. Nuplaukite ir nulupkite vaisius. Supjaustykite žievelę plonomis juostelėmis. Įpilkite šalto vandens ir troškinkite uždengtoje keptuvėje, kol suminkštės (apie 30 minučių). Nusausinkite.

b) Iš nuluptų vaisių pašalinkite sėklas ir plėvelę. Vaisius supjaustykite mažais gabalėliais.

c) Marmeladui gaminti. Įpilkite verdančio vandens į žievelę ir vaisius. Įpilkite cukraus ir greitai virkite iki 9 °F virš vandens virimo temperatūros (apie 20 minučių), dažnai maišydami. Nuimkite nuo ugnies; nugriebti.

d) Nedelsdami supilkite į karštus, sterilius konservavimo stiklainius $\frac{1}{4}$ colio atstumu nuo viršaus. Uždenkite ir 5 minutes apdorokite verdančio vandens vonelėje.

Padaro 3 ar 4 puslitrinius stiklainius.

41. Abrikosų-apelsinų konservai

Ingridientai:

- 3 ½ puodelio kapotų nusausintų abrikosų
- 1 ½ stiklinės apelsinų sulčių
- ½ apelsino žievelė, susmulkinta
- 2 šaukštai citrinos sulčių
- 3 ¼ stiklinės cukraus
- ½ puodelio kapotų riešutų

Nurodymai:

a) Paruošti džiovintus abrikosus. Virkite abrikosus neuždengtus 3 puodeliuose vandens, kol suminkštės (apie 20 minučių); nusausinti ir susmulkinti.

b) Kad būtų konservuoti. Sumaišykite visus ingredientus, išskyrus riešutus. Virkite iki 9 °F virš vandens virimo temperatūros arba tol, kol sutirštės, nuolat maišydami. Pridėti riešutų; gerai išmaišykite. Nuimkite nuo ugnies; nugriebti.

c) Nedelsdami supilkite į karštus, sterilius konservavimo stiklainius ¼ colio atstumu nuo viršaus. Uždarykite ir 5 minutes palaikykite verdančio vandens vonelėje.

Padaro apie 5 puslitrinius stiklainius.

42. Persikų uogienė su pektino milteliais

Ingridientai:

- 3 ¾ puodeliai susmulkintų persikų
- ½ puodelio citrinos sulčių
- 1 pakuotė miltelių pektino
- 5 puodeliai cukraus

Nurodymai:

a) Vaisiams paruošti. Išrūšiuokite ir nuplaukite visiškai prinokusius persikus. Pašalinkite stiebus, odeles ir kauliukus. Susmulkinkite persikus.

b) Uogienei gaminti. Susmulkintus persikus išmatuokite į virdulį. Įpilkite citrinos sulčių ir pektino; gerai išmaišykite. Padėkite ant stiprios ugnies ir, nuolat maišydami, greitai užvirkite, kad per visą paviršių būtų burbuliukai.

c) Suberkite cukrų, toliau maišykite ir vėl kaitinkite iki pilno, burbuliuojančio virimo. Stipriai verdame 1 minutę nuolat maišydami. Nuimkite nuo ugnies; nugriebti.

d) Nedelsdami supilkite į karštus, sterilius konservavimo stiklainius ¼ colio atstumu nuo viršaus. Uždarykite ir 5 minutes palaikykite verdančio vandens vonelėje.

Padaro apie 6 puslitrinius stiklainius.

43. Prieskoninis mėlynių-persikų džemas

Ingridientai:

- 4 puodeliai pjaustytų arba maltų persikų
- 4 puodeliai mėlynių
- 2 šaukštai citrinos sulčių
- ½ puodelio vandens
- 5½ stiklinės cukraus
- ½ arbatinio šaukštelio druskos
- 1 lazdelė cinamono
- ½ arbatinio šaukštelio sveikų gvazdikėlių
- ¼ arbatinio šaukštelio nesmulkintų kvapiųjų pipirų

Nurodymai:

a) Vaisiams paruošti. Išrūšiuoti ir nuplauti visiškai prinokusius persikus; nulupkite ir pašalinkite kauliukus. Persikus susmulkinkite arba sumalkite.

b) Iš šviežių mėlynių rūšiuokite, nuplaukite ir pašalinkite stiebus.

c) Atšildykite šaldytas uogas.

d) Uogienei gaminti. Išmatuokite vaisius į virdulį; įpilkite citrinos sulčių ir vandens. Uždenkite, užvirkite ir troškinkite 10 minučių, retkarčiais pamaišydami.

e) Įpilkite cukraus ir druskos; gerai išmaišykite. Suberkite į sūrio audinį surištus prieskonius. Virkite greitai, nuolat maišydami, iki 9 °F virš vandens virimo temperatūros arba tol, kol mišinys sutirštės.

f) Nedelsdami supilkite į karštus, sterilius konservavimo stiklainius $\frac{1}{4}$ colio atstumu nuo viršaus. Uždarykite ir 5 minutes palaikykite verdančio vandens vonelėje.

Padaro 6 arba 7 puslitrinius stiklainius.

44. Persikų-apelsinų marmeladas

Ingridientai:

- 5 puodeliai pjaustytų arba maltų persikų
- 1 puodelis pjaustytų arba maltų apelsinų

Nurodymai:

a) 1 apelsino žievelė, susmulkinta 2 šaukštai citrinos sulčių 6 stiklinės cukraus

b) Vaisiams paruošti. Išrūšiuokite ir nuplaukite visiškai prinokusius persikus. Susmulkinkite arba sumalkite persikus.

c) Iš apelsinų pašalinkite žievelę, baltą dalį ir sėklas.

d) Minkštimą susmulkinkite arba sumalkite.

e) Marmeladui gaminti. Paruoštus vaisius išmatuokite į virdulį. Sudėkite likusius ingredientus ir gerai išmaišykite. Virkite greitai, nuolat maišydami iki 9 °F virš vandens virimo temperatūros arba tol, kol mišinys sutirštės. Nuimkite nuo ugnies; nugriebti.

f) Nedelsdami supilkite į karštus, sterilius konservavimo stiklainius ¼ colio atstumu nuo viršaus. Uždarykite ir 5 minutes palaikykite verdančio vandens vonelėje.

Padaro 6 arba 7 puslitrinius stiklainius.

45. Ananasų uogienė su skystu pektinu

Ingridientai:

- Viena 20 uncijų skardinė susmulkintas ananasas
- 3 šaukštai citrinos sulčių
- 3 ¼ stiklinės cukraus
- ½ butelio skysto pektino

Nurodymai:

a) Sumaišykite ananasus ir citrinos sultis virdulyje. Suberkite cukrų ir gerai išmaišykite. Padėkite ant stiprios ugnies ir, nuolat maišydami, greitai užvirkite, kad per visą paviršių būtų burbuliukai.

b) Stipriai verdame 1 minutę nuolat maišydami.

c) Nuimkite nuo ugnies; įmaišykite pektiną. Nugriebti.

d) Leiskite pastovėti 5 minutes.

e) Nedelsdami supilkite į karštus, sterilius konservavimo stiklainius ¼ colio atstumu nuo viršaus.

f) Uždarykite ir 5 minutes palaikykite verdančio vandens vonelėje.

Padaro 4 ar 5 puslitrinius stiklainius.

46. Slyvų želė su skystu pektinu

Ingridientai:

- 4 puodeliai slyvų sulčių
- 7 ½ stiklinės cukraus
- ½ butelio skysto pektino

Nurodymai:

a) Norėdami paruošti sultis. Išrūšiuoti ir nuplauti visiškai subrendusias slyvas ir supjaustyti gabalėliais; nelupti ir nekalti. Susmulkinkite vaisius, įpilkite vandens, uždenkite ir užvirkite ant stiprios ugnies. Sumažinkite ugnį ir troškinkite 10 minučių. Ištraukite sultis.

b) Želei gaminti. Išmatuokite sultis į virdulį. Suberti cukrų. Uždėkite ant stiprios ugnies ir, nuolat maišydami, greitai užvirkite iki pilno virimo, kurio negalima maišyti.

c) Pridėti pektiną; vėl užvirkite iki galo, užvirkite. Virkite kietai 1 minutę.

d) Nuimkite nuo ugnies; greitai nugriebti putas. Nedelsdami supilkite želė į karštus, sterilius konservavimo stiklainius ¼ colio atstumu nuo viršaus. Uždarykite ir 5 minutes palaikykite verdančio vandens vonelėje.

Padaro 7 arba 8 puslitrinius stiklainius.

47. Svarainių želė be pektino

Ingridientai:

- 3 ¾ stiklinės svarainių sulčių
- 1/3 puodelio citrinos sulčių
- 3 puodeliai cukraus

Nurodymai:

a) Norėdami paruošti sultis. Pasirinkite maždaug ketvirtadalį neprinokusių svarainių ir tris ketvirtadalius visiškai prinokusių vaisių. Rūšiuoti, nuplauti ir pašalinti stiebus bei žiedų galus; neperpjauti ir nesudaryti pagrindo. Svarainį supjaustykite labai plonais griežinėliais arba supjaustykite mažais gabalėliais.

b) Įpilkite vandens, uždenkite ir užvirinkite ant stiprios ugnies. Sumažinkite ugnį ir troškinkite 25 minutes. Ištraukite sultis.

c) Želei gaminti. Išmatuokite svarainių sultis į virdulį. Įpilkite citrinos sulčių ir cukraus. Gerai išmaišykite. Virkite ant stiprios ugnies iki 8 °F virš vandens virimo temperatūros arba tol, kol želė iš šaukšto suformuos lakštą.

d) Nuimkite nuo ugnies; greitai nugriebti putas. Supilkite želė į karštus, sterilius konservavimo stiklainius ¼ colio atstumu nuo viršaus. Uždarykite ir 5 minutes palaikykite verdančio vandens vonelėje.

e) Padaro apie keturis 8 uncijų stiklainius.

48. Braškių uogienė su pektino milteliais

Ingridientai:

- 5 ½ stiklinės susmulkintų braškių
- 1 pakuotė miltelių pektino
- 8 puodeliai cukraus

Nurodymai:

a) Vaisiams paruošti. Išrūšiuoti ir nuplauti visiškai subrendusias braškes; iš naujo nuimkite stiebus ir dangtelius. Uogas sutrinkite.

b) Uogienei gaminti. Susmulkintas braškes išmatuokite į virdulį. Įpilkite pektino ir gerai išmaišykite. Padėkite ant stiprios ugnies ir, nuolat maišydami, greitai užvirkite iki galo su burbuliukais per visą paviršių.

c) Suberkite cukrų, toliau maišykite ir vėl kaitinkite iki pilno, burbuliuojančio virimo. Stipriai verdame 1 minutę nuolat maišydami. Iš naujo pašalinkite iš karščio; nugriebti.

d) Nedelsdami supilkite į karštus, sterilius konservavimo stiklainius ¼ colio atstumu nuo viršaus. Uždarykite ir 5 minutes palaikykite verdančio vandens vonelėje.

e) Padaro 9 arba 10 puslitrinių stiklainių.

49. Tutti-Frutti Jam

Ingridientai:

- 3 puodeliai kapotų arba maltų kriaušių
- 1 didelis apelsinas
- $\frac{3}{4}$ puodelio nusausintų susmulkintų ananasų
- $\frac{1}{4}$ puodelio kapotų maraschino vyšnių
- $\frac{1}{4}$ puodelio citrinos sulčių
- 1 pakuotė miltelių pektino
- 5 puodeliai cukraus

Nurodymai:

a) Vaisiams paruošti. Rūšiuoti ir nuplauti prinokusias kriaušes; pare ir šerdis. Kriaušes susmulkinkite arba sumalkite. Nulupkite apelsiną, pašalinkite sėklas ir susmulkinkite arba sumalkite minkštimą.

b) Uogienei gaminti. Išmatuokite susmulkintas kriaušes į virdulį. Įpilkite apelsinų, ananasų, vyšnių ir citrinos sulčių. Įmaišykite pektiną.

c) Padėkite ant stiprios ugnies ir, nuolat maišydami, greitai užvirkite iki galo su burbuliukais per visą paviršių.

d) Suberkite cukrų, toliau maišykite ir vėl kaitinkite iki pilno virimo. Stipriai verdame 1 minutę nuolat maišydami. Iš naujo pašalinkite iš karščio; nugriebti.

e) Nedelsdami supilkite į karštus, sterilius konservavimo stiklainius ¼ colio atstumu nuo viršaus. Uždarykite ir 5 minutes palaikykite verdančio vandens vonelėje.

Padaro 6 arba 7 puslitrinius stiklainius.

VAISIAI IR VAISIŲ PRODUKTAI

50. Obuolių sviestas

Ingridientai:

- 8 svarai. obuoliai
- 2 puodeliai sidro
- 2 puodeliai acto
- 2-1/4 stiklinės baltojo cukraus
- 2-1/4 puodeliai supakuoto rudojo cukraus
- 2 valgomieji šaukštai malto cinamono
- 1 valgomasis šaukštas maltų gvazdikėlių

Nurodymai:

a) Nuplaukite, pašalinkite stiebus, ketvirčius ir šerdį. Lėtai virti sidre ir acte, kol suminkštės. Išspauskite vaisius per kiaurasamtį, maisto malūną ar sietelį. Virkite vaisių minkštimą su cukrumi ir prieskoniais, dažnai maišydami.

b) Norėdami patikrinti, ar jis paruoštas, išimkite šaukštą ir 2 minutes palaikykite jį toliau nuo garų. Tai daroma, jei sviestas lieka susikaupęs ant šaukšto. Kitas būdas nustatyti, kada sviestas yra tinkamai iškepęs, yra įdėti nedidelį jo kiekį į lėkštę. Karštą supilkite į sterilius puslitros arba puslitros stiklainius, palikdami 1/4 colio tarpo. Nuvalykite stiklainių kraštus sudrėkintu švariu popieriniu rankšluosčiu.

c) Sureguliuokite dangčius ir apdorokite.

51. Prieskonių obuolių žiedai

Ingridientai:

- 12 svarų. kieti pyragaičiai obuoliai (didžiausias skersmuo, 2-1/2 colio)
- 12 stiklinių cukraus
- 6 puodeliai vandens
- 1-1/4 stiklinės baltojo acto (5%)
- 3 valgomieji šaukštai sveikų gvazdikėlių
- 3/4 puodelio raudonų karštų cinamono saldainių arba
- 8 cinamono lazdelės ir
- 1 arbatinis šaukštelis raudonų maistinių dažų (nebūtina)

Nurodymai:

a) Nuplaukite obuolius. Kad nepakeistų spalvos, nulupkite ir supjaustykite obuolį po vieną. Nedelsdami supjaustykite skersai 1/2 colio griežinėliais, pašalinkite šerdies sritį meliono kamuoliuku ir panardinkite į askorbo rūgšties tirpalą.

b) Norėdami pagaminti aromatinį sirupą, sumaišykite cukrų, vandenį, actą, gvazdikėlius, cinamono saldainius arba cinamono lazdeles ir maistinius dažus 6 qt puode. Išmaišykite, pakaitinkite iki virimo ir troškinkite 3 minutes.

c) Nusausinkite obuolius, supilkite į karštą sirupą ir virkite 5 minutes. Į karštus stiklainius (geriausia plačios burnos) pripildykite obuolių žiedų ir karšto skonio sirupo, palikdami 1/2 colio tarpo.

d) Pašalinkite oro burbuliukus ir, jei reikia, sureguliuokite viršutinę dalį. Nuvalykite stiklainių kraštus sudrėkintu švariu popieriniu rankšluosčiu.

e) Sureguliuokite dangčius ir apdorokite.

52. Prieskoniais pagardinti krabų obuoliai

Ingridientai:

- 5 svarai. krabų obuoliai
- 4-1/2 stiklinės obuolių sidro acto (5%)
- 3-3/4 stiklinės vandens
- 7-1/2 stiklinės cukraus
- 4 arbatiniai šaukšteliai sveikų gvazdikėlių
- 4 lazdelės cinamono
- Šeši 1/2 colio kubeliai šviežio imbiero šaknies

Nurodymai:

a) Nuimkite žiedlapius ir nuplaukite obuolius, bet palikite pritvirtintus stiebus. Kiekvieno obuolio odelę keturis kartus pradurkite ledo kirtikliu arba dantų krapštuku. Sumaišykite actą, vandenį ir cukrų ir užvirkite.

b) Suberkite prieskonius, surištus į prieskonių maišelį arba marlę. Naudodami blanšerio krepšelį arba sietelį, po 1/3 obuolių panardinkite į verdantį acto/sirupo tirpalą 2 minutėms. Įdėkite virtus obuolius ir prieskonių maišelį į švarų 1 arba 2 galonų puodą ir įpilkite karšto sirupo.

c) Uždenkite ir palikite pastovėti per naktį. Išimkite prieskonių maišelį, nupilkite sirupą į didelį puodą ir pakaitinkite iki virimo. Užpildykite karštus pintos stiklainius obuoliais ir karštu sirupu, palikdami 1/2 colio tarpą. Pašalinkite oro burbuliukus ir, jei reikia, sureguliuokite viršutinę dalį.

d) Nuvalykite stiklainių kraštus sudrėkintu švariu popieriniu rankšluosčiu. Sureguliuokite dangčius ir apdorokite.

53. Kantalupų marinuoti agurkai

Ingridientai:

- 5 svarai. 1 colio kantalupų kubelių
- 1 arbatinis šaukštelis maltų raudonųjų pipirų dribsnių
- 2 vieno colio cinamono lazdelės
- 2 arbatiniai šaukšteliai maltų gvazdikėlių
- 1 arbatinis šaukštelis malto imbiero
- 4-1/2 stiklinės sidro acto (5%)
- 2 stiklines vandens
- 1-1/2 stiklinės baltojo cukraus
- 1-1/2 puodelio supakuoto šviesiai rudojo cukraus
- Išeiga: apie 4 pintos stiklainius

Nurodymai:

Pirma diena:

a) Kantalupą nuplaukite ir supjaustykite pusiau; pašalinti sėklas. Supjaustykite 1 colio griežinėliais ir nulupkite. Minkštimo juosteles supjaustykite 1 colio kubeliais.

b) Pasverkite 5 svarus gabalėlių ir sudėkite į didelį stiklinį dubenį. Į prieskonių maišelį suberkite raudonųjų pipirų dribsnius, cinamono lazdeles, gvazdikėlius ir imbierą, galus tvirtai suriškite.

c) 4 litrų talpos puode sumaišykite actą ir vandenį. Užvirinkite, tada išjunkite šilumą. Į acto ir vandens mišinį įpilkite prieskonių maišelį ir leiskite pastovėti 5 minutes, retkarčiais pamaišydami. Dubenyje meliono gabalėlius užpilkite karštu acto tirpalu ir prieskonių maišeliu. Uždenkite maistiniu plastikiniu dangteliu arba plėvele ir palikite per naktį šaldytuve (apie 18 valandų).

Antra diena:

d) Atsargiai išpilkite acto tirpalą į didelį 8–10 litrų puodą ir užvirinkite. Įpilkite cukraus; maišykite, kad ištirptų. Įpilkite kantalupą ir vėl užvirkite. Sumažinkite ugnį ir troškinkite, kol kantalupos gabalėliai taps permatomi (apie 1–1-1/4 val.). Išimkite kantalupos gabalėlius į vidutinio dydžio puodą, uždenkite ir atidėkite.

e) Likusį skystį užvirinkite ir pavirkite dar 5 minutes. Supilkite kantalupą į skystą sirupą ir vėl užvirinkite. Naudodami kiaurasamtį supilkite karštus kantalupos gabalus į karštus puslitrinius stiklainius, palikdami 1 colio tarpą. Uždenkite verdančiu karštu sirupu, palikdami 1/2 colio erdvės.

f) Pašalinkite oro burbuliukus ir, jei reikia, sureguliuokite viršutinę dalį. Nuvalykite stiklainių kraštus sudrėkintu švariu popieriniu rankšluosčiu. Sureguliuokite dangčius ir apdorokite.

54. Spanguolių apelsinų čatnis

Ingridientai:

- 24 uncijos šviežių sveikų spanguolių
- 2 puodeliai susmulkinto baltojo svogūno
- 2 puodeliai auksinių razinų
- 1-1/2 stiklinės baltojo cukraus
- 1-1/2 puodelio supakuoto rudojo cukraus
- 2 puodeliai baltojo distiliuoto acto (5%)
- 1 puodelis apelsinų sulčių
- 4 arbatiniai šaukšteliai nulupto, tarkuoto šviežio imbiero
- 3 lazdelės cinamono

Nurodymai:

a) Spanguoles gerai nuplaukite. Sumaišykite visus ingredientus didelėje olandiškoje orkaitėje. Užvirinkite ant stiprios ugnies; sumažinkite ugnį ir švelniai troškinkite 15 minučių arba kol spanguolės suminkštės. Dažnai maišykite, kad nesudegtų.

b) Išimkite cinamono lazdeles ir išmeskite. Karštą čatnį supilkite į karštus puslitros stiklainius, palikdami 1/2 colio tarpo.

c) Pašalinkite oro burbuliukus ir, jei reikia, sureguliuokite viršutinę dalį. Nuvalykite stiklainių kraštus sudrėkintu švariu popieriniu rankšluosčiu. Sureguliuokite dangčius ir apdorokite.

55. Mango čatnis

Ingridientai:

- 11 puodelių arba 4 svarai. pjaustytų neprinokusių mangų
- 2-1/2 stiklinės susmulkinto geltonojo svogūno
- 2-1/2 šaukštai tarkuoto šviežio imbiero
- 1-1/2 valgomojo šaukšto susmulkinto šviežio česnako
- 4-1/2 stiklinės cukraus
- 3 puodeliai baltojo distiliuoto acto (5%)
- 2-1/2 stiklinės auksinių razinų
- 1-1 arbatinis šaukštelis konservuotos druskos
- 4 arbatiniai šaukšteliai čili miltelių

Nurodymai:

a) Visus produktus gerai nuplaukite. Mangus nulupkite, supjaustykite ir supjaustykite 3/4 colio kubeliais. Mango kubelius susmulkinkite virtuvės kombainu, naudodami 6 vienos sekundės impulsus vienai virtuvės kombaino partijai. (Netrinkite ir nesmulkinkite.)

b) Ranka nulupkite ir supjaustykite svogūną, susmulkinkite česnaką ir sutarkuokite imbierą. Sumaišykite cukrų ir actą

8-10 litrų talpos puode. Užvirinkite ir virkite 5 minutes. Sudėkite visus kitus ingredientus ir vėl užvirkite.

c) Sumažinkite ugnį ir troškinkite 25 minutes, retkarčiais pamaišydami. Karštą čatnį supilkite į karštus puslitros arba pusės pintos stiklainius, palikdami 1/2 colio laisvos vietos. Pašalinkite oro burbuliukus ir, jei reikia, sureguliuokite viršutinę dalį.

d) Nuvalykite stiklainių kraštus sudrėkintu švariu popieriniu rankšluosčiu. Sureguliuokite dangčius ir apdorokite.

56. Mango padažas

Ingridientai:

- 5-1/2 puodelio arba 3-1/4 svaro. mangų tyrės
- 6 šaukštai medaus
- 4 valgomieji šaukštai buteliuose išpilstytų citrinų sulčių
- 3/4 stiklinės cukraus
- 2-1/2 arbatinio šaukštelio (7500 miligramų) askorbo rūgšties
- 1/8 arbatinio šaukštelio malto cinamono
- 1/8 arbatinio šaukštelio malto muskato riešuto

Nurodymai:

a) Nuplaukite, nulupkite ir atskirkite mango minkštimą nuo sėklų. Mango minkštimą supjaustykite gabalėliais ir sutrinkite trintuvu arba virtuviniu kombainu iki vientisos masės.

b) Sumaišykite visus ingredientus 6–8 litrų olandiškoje orkaitėje arba puode ir kaitinkite ant vidutinės ir stiprios ugnies, nuolat maišydami, kol mišinys pasieks 200 °F.

c) Kaitinamas mišinys purslės, todėl būtinai mūvėkite pirštines arba pirštines, kad nenudegintumėte odos. Supilkite karštą padažą į karštus puslitros stiklainius, palikdami 1/4 colio tarpo.

d) Pašalinkite oro burbuliukus ir, jei reikia, sureguliuokite viršutinę dalį. Nuvalykite stiklainių kraštus sudrėkintu švariu popieriniu rankšluosčiu. Sureguliuokite dangčius ir apdorokite.

57. Sumaišytas vaisių kokteilis

Ingridientai:

- 3 svarai. persikų
- 3 svarai. kriaušės
- 1-1/2 svaro. šiek tiek neprinokusios žalios vynuogės be sėklų
- 10 uncijų stiklainis maraschino vyšnių
- 3 puodeliai cukraus
- 4 puodeliai vandens

Nurodymai:

a) Vynuoges nulupkite ir nuplaukite, laikykite askorbo rūgšties tirpale.

b) Prinokusius, bet tvirtus persikus po kelis panardinkite į verdantį vandenį 1-1-1/2 minutės, kad atsilaisvintų odelės.

c) Panardinkite į šaltą vandenį ir nuimkite odą. Perpjaukite pusiau, išimkite kauliukus, supjaustykite 1/2 colio kubeliais ir laikykite tirpale su vynuogėmis. Kriaušes nulupkite, per pusę ir išimkite šerdį.

d) Supjaustykite 1/2 colio kubeliais ir laikykite tirpale su vynuogėmis ir persikais.

e) Puode sumaišykite cukrų ir vandenį ir užvirinkite. Nusausinkite sumaišytus vaisius. Į kiekvieną karštą stiklainį įpilkite 1/2 puodelio karšto sirupo.

f) Tada įdėkite keletą vyšnių ir švelniai užpildykite stiklainį sumaišytais vaisiais ir dar karštu sirupu, palikdami 1/2 colio tarpo.

g) Pašalinkite oro burbuliukus ir, jei reikia, sureguliuokite viršutinę dalį. Nuvalykite stiklainių kraštus sudrėkintu švariu popieriniu rankšluosčiu.

h) Sureguliuokite dangčius ir apdorokite.

58. Cukinija-ananasas

Ingridientai:

- 4 litrai kubeliais arba susmulkintos cukinijos
- 46 uncijos. konservuotų nesaldžių ananasų sulčių
- 1-1/2 puodelio buteliuose citrinos sulčių
- 3 puodeliai cukraus

Nurodymai:

a) Nulupkite cukinijas ir supjaustykite 1/2 colio kubeliais arba susmulkinkite. Dideliame puode sumaišykite cukinijas su kitais ingredientais ir užvirinkite. Troškinkite 20 minučių.

b) Užpildykite karštus stiklainius karštu mišiniu ir virimo skysčiu, palikdami 1/2 colio erdvę. Pašalinkite oro burbuliukus ir, jei reikia, sureguliuokite galvos erdvę. Nuvalykite stiklainių kraštus sudrėkintu švariu popieriniu rankšluosčiu. Sureguliuokite dangčius ir apdorokite.

59. Aštri spanguolių salsa

Ingridientai:

- 6 puodeliai susmulkinto raudonojo svogūno
- 4 susmulkintos didelės Serrano paprikos
- 1-1/2 stiklinės vandens
- 1-1/2 puodelio sidro acto (5%)
- 1 valgomasis šaukštas konservavimo druskos
- 1-1/3 stiklinės cukraus
- 6 šaukštai dobilų medaus
- 12 puodelių (2-3/4 svarų) nuplautų, šviežių nesmulkintų spanguolių

Nurodymai:

a) Didelėje olandiškoje orkaitėje sumaišykite visus ingredientus, išskyrus spanguoles. Užvirinkite ant stiprios ugnies; šiek tiek sumažinkite ugnį ir švelniai virkite 5 minutes.

b) Suberkite spanguoles, šiek tiek sumažinkite ugnį ir troškinkite mišinį 20 minučių, retkarčiais pamaišydami, kad nesudegtų. Karštą mišinį supilkite į karštus pintos stiklainius, palikdami 1/4 colio tarpą. Pildydami stiklainius, palikite puodą ant silpnos ugnies.

c) Pašalinkite oro burbuliukus ir, jei reikia, sureguliuokite viršutinę dalį. Nuvalykite stiklainių kraštus sudrėkintu švariu popieriniu rankšluosčiu. Sureguliuokite dangčius ir apdorokite.

60. Mango salsa

Ingridientai:

- 6 puodeliai kubeliais pjaustytų neprinokusių mangų
- 1-1/2 puodelio kubeliais pjaustytų raudonųjų paprikų
- 1/2 puodelio susmulkinto geltonojo svogūno
- 1/2 arbatinio šaukštelio maltų raudonųjų pipirų dribsnių
- 2 arbatinius šaukštelius susmulkinto česnako
- 2 arbatinius šaukštelius susmulkinto imbiero
- 1 puodelis šviesiai rudojo cukraus
- 1-1/4 puodelio sidro acto (5%)
- 1/2 stiklinės vandens

Nurodymai:

a) Visus produktus gerai nuplaukite. Mangą nulupkite ir supjaustykite 1/2 colio kubeliais. Papriką supjaustykite 1/2 colio gabalėliais. Susmulkinkite geltonuosius svogūnus.

b) Sumaišykite visus ingredientus 8 litrų olandiškoje orkaitėje arba puode. Užvirinkite ant stiprios ugnies, maišydami, kad ištirptų cukrus.

c) Sumažinkite, kol užvirs, ir troškinkite 5 minutes. Supilkite karštas kietas medžiagas į karštus puslitros stiklainius, palikdami 1/2 colio tarpą. Uždenkite karštu skysčiu, palikdami 1/2 colio erdvės.

d) Pašalinkite oro burbuliukus ir, jei reikia, sureguliuokite viršutinę dalį. Nuvalykite stiklainių kraštus sudrėkintu švariu popieriniu rankšluosčiu. Sureguliuokite dangčius ir apdorokite.

61. Persikų obuolių salsa

Ingridientai:

- 6 puodeliai pjaustytų romų pomidorų
- 2-1/2 stiklinės kubeliais pjaustytų geltonųjų svogūnų
- 2 puodeliai kapotų žaliųjų paprikų
- 10 puodelių pjaustytų kietų, neprinokusių persikų
- 2 puodeliai kapotų Granny Smith obuolių
- 4 šaukštai sumaišytų marinavimo prieskonių
- 1 valgomasis šaukštas konservavimo druskos
- 2 arbatiniai šaukšteliai maltų raudonųjų pipirų dribsnių
- 3-3/4 puodelio (1-1/4 svaro) supakuoto šviesiai rudojo cukraus
- 2-1/4 stiklinės sidro acto (5%)

Nurodymai:

a) Marinavimo prieskonius uždėkite ant švaraus, dvisluoksnio, 6 colių kvadratinio 100 % sūrio audinio gabalo. Sujunkite kampus ir suriškite švaria virvele. (Arba naudokite įsigytą muslino prieskonių maišelį).

b) Pomidorus nuplaukite ir nulupkite (nuplautus pomidorus 1 minutę padėkite į verdantį vandenį, nedelsdami įdėkite į šaltą vandenį ir nuimkite odeles).

c) Supjaustykite 1/2 colio gabalėliais. Svogūnus nulupkite, nuplaukite ir supjaustykite 1/4 colio gabalėliais. Nuplaukite paprikas, išskleiskite šerdį ir sėklas; supjaustykite 1/4 colio gabalėliais.

d) Sumaišykite pjaustytus pomidorus, svogūnus ir paprikas 8 arba 10 litrų olandiškoje orkaitėje arba puode. Persikus nuplaukite, nulupkite ir išskobkite; perpjaukite per pusę ir 10 minučių pamerkite į askorbo rūgšties tirpalą (1500 mg puse galono vandens).

e) Nuplaukite, nulupkite obuolius ir pašalinkite šerdį; perpjaukite per pusę ir 10 minučių pamirkykite askorbo rūgšties tirpale.

f) Persikus ir obuolius greitai supjaustykite 1/2 colio kubeliais, kad neparuduotų. Į puodą su daržovėmis suberkite pjaustytus persikus ir obuolius. Įdėkite marinavimo prieskonių maišelį į puodą; įmaišykite druską, raudonųjų pipirų dribsnius, rudąjį cukrų ir actą.

g) Užvirinkite, švelniai maišydami, kad ingredientai susimaišytų. Sumažinkite ugnį ir troškinkite 30 minučių, retkarčiais pamaišydami. Išimkite prieskonių maišelį iš keptuvės ir išmeskite. Naudodami kiaurasamtį supilkite salsos kietąsias medžiagas į karštus puslitrinius stiklainius, palikdami 1-1/4 colio tarpo (kiekviename stiklainyje apie 3/4 svaro sausųjų medžiagų).

h) Uždenkite virimo skysčiu, palikdami 1/2 colio vietos.

i) Pašalinkite oro burbuliukus ir, jei reikia, sureguliuokite viršutinę dalį. Nuvalykite stiklainių kraštus sudrėkintu švariu popieriniu rankšluosčiu. Sureguliuokite dangčius ir apdorokite.

Raugintos IR marinuotos DARŽOVĖS

62. Krapų marinuoti agurkai

Ingridientai:

- 4 svarai. 4 colių marinuotų agurkų
- 2 valgomieji šaukštai krapų sėklų arba 4–5 galvutės šviežių arba sausų krapų
- 1/2 stiklinės druskos
- 1/4 puodelio acto (5%
- 8 puodeliai vandens ir vienas ar daugiau iš šių ingredientų:
- 2 skiltelės česnako (nebūtina)
- 2 džiovintos raudonosios paprikos (nebūtina)
- 2 arbatiniai šaukšteliai sumaišytų marinavimo prieskonių

Nurodymai:

a) Nuplaukite agurkus. Nupjaukite 1/16 colio žiedo galo griežinėlį ir išmeskite. Palikite pritvirtintą 1/4 colio stiebo. Pusę krapų ir prieskonių sudėkite ant švaraus, tinkamo indo dugno.

b) Suberkite agurkus, likusius krapus ir prieskonius. Ištirpinkite druską acte ir vandenyje ir užpilkite ant agurkų.

c) Pridėkite tinkamą dangtelį ir svorį. Fermentacijos metu laikykite ten, kur temperatūra yra nuo 70° iki 75°F maždaug

3-4 savaites. Leidžiama 55-65 °F temperatūra, tačiau fermentacija užtruks 5-6 savaites.

d) Venkite aukštesnės nei 80 °F temperatūros, nes fermentacijos metu marinuoti agurkai taps per minkšti. Rauginami marinuoti agurkai stingsta lėtai. Patikrinkite talpyklą kelis kartus per savaitę ir nedelsdami pašalinkite paviršiaus nuosėdas ar pelėsius. Atsargiai: jei marinuoti agurkai tampa minkšti, gleivingi arba atsiranda nemalonus kvapas, išmeskite juos.

e) Visiškai fermentuoti marinuoti agurkai gali būti laikomi originalioje talpykloje apie 4-6 mėnesius, jei jie yra šaldytuve ir reguliariai pašalinami paviršiaus nuosėdos bei pelėsiai. Visiškai fermentuotų marinuotų agurkų konservavimas yra geresnis būdas juos laikyti. Norėdami juos paruošti, supilkite sūrymą į keptuvę, lėtai kaitinkite iki užvirimo ir troškinkite 5 minutes. Jei norite, filtruokite sūrymą per popierinius kavos filtrus, kad sumažintumėte drumstumą.

f) Užpildykite karštą stiklainį marinuotais agurkais ir karštu sūrymu, palikdami 1/2 colio erdvę.

g) Pašalinkite oro burbuliukus ir, jei reikia, sureguliuokite viršutinę dalį. Nuvalykite stiklainių kraštus sudrėkintu švariu popieriniu rankšluosčiu.

h) Sureguliuokite dangčius ir apdorokite.

63. Rauginti kopūstai

Ingridientai:

- 25 svarai. kopūstai
- 3/4 puodelio konservavimo arba marinavimo druskos

Nurodymai:

a) Vienu metu dirbkite su maždaug 5 svarais kopūstų. Išmeskite išorinius lapus. Nuplaukite galvutes po šaltu tekančiu vandeniu ir nusausinkite. Supjaustykite galvutes į ketvirčius ir pašalinkite šerdis. Susmulkinkite arba supjaustykite iki ketvirčio storio.

b) Įdėkite kopūstą į tinkamą fermentacijos indą ir įberkite 3 šaukštus druskos. Kruopščiai sumaišykite švariomis rankomis. Tvirtai supakuokite, kol druska iš kopūstų ištrauks sultis.

c) Pakartokite smulkinimą, sūdymą ir pakavimą, kol visi kopūstai bus talpoje. Įsitikinkite, kad jis pakankamai gilus, kad jo kraštelis būtų bent 4 ar 5 coliai virš kopūsto. Jei kopūstų sultys neapsaugo, įpilkite virinto ir atvėsinto sūrymo (1-1/2 šaukšto druskos vienam litrui vandens).

d) Pridėkite lėkštę ir svarmenis; uždenkite indą švariu vonios rankšluosčiu. Fermentacijos metu laikykite 70–75 °F temperatūroje. Esant 70–75 °F temperatūrai, kopūstai visiškai fermentuojasi maždaug per 3–4 savaites; 60–65 °F temperatūroje fermentacija gali užtrukti 5–6 savaites. Esant žemesnei nei 60 °F temperatūrai, kopūstai negali fermentuotis. Aukštesnėje nei 75 °F temperatūroje kopūstai gali tapti minkšti.

e) Jei sveriate kopūstą sūrymu pripildytu maišeliu, netrukdykite keptuvės, kol pasibaigs normali fermentacija (kai nutrūks burbuliavimas). Jei naudosite stiklainius kaip svorį, turėsite du ar tris kartus per savaitę patikrinti kopūstus ir pašalinti nuosėdas, jei jų susidarys. Visiškai surūgusius kopūstus sandariai uždengtus galima laikyti šaldytuve kelis mėnesius.

f) Pašalinkite oro burbuliukus ir, jei reikia, sureguliuokite viršutinę dalį. Nuvalykite stiklainių kraštus sudrėkintu švariu popieriniu rankšluosčiu. Sureguliuokite dangčius ir apdorokite.

64. Duonos ir sviesto marinuoti agurkai

Ingridientai:

- 6 svarai. 4-5 colių marinuotų agurkų
- 8 puodeliai smulkiai pjaustytų svogūnų
- 1/2 puodelio konservavimo arba marinavimo druskos
- 4 puodeliai acto (5%)
- 4-1/2 stiklinės cukraus
- 2 valgomieji šaukštai garstyčių sėklų
- 1-1/2 valgomojo šaukšto salierų sėklų
- 1 valgomasis šaukštas maltos ciberžolės
- 1 puodelis marinavimo kalkių

Nurodymai:

a) Nuplaukite agurkus. Nupjaukite 1/16 colio žiedo galo ir išmeskite. Supjaustykite 3/16 colių griežinėliais. Dideliame dubenyje sumaišykite agurkus ir svogūnus. Įberkite druskos. Uždenkite 2 colių susmulkintu arba kubeliais supjaustytu ledu. Šaldykite 3-4 valandas, prireikus įpilkite daugiau ledo.

b) Sumaišykite likusius ingredientus dideliame puode. Virinama 10 minučių. Nusausinkite ir suberkite agurkus bei svogūnus ir lėtai pakaitinkite iki virimo. Užpildykite karštus pintos stiklainius griežinėliais ir virimo sirupu, palikdami 1/2 colio tarpą. Pašalinkite oro burbuliukus ir, jei reikia, sureguliuokite viršutinę dalį. Nuvalykite stiklainių kraštus sudrėkintu švariu popieriniu rankšluosčiu.

c) Sureguliuokite dangčius ir apdorokite.

65. Šviežiai supakuoti marinuoti krapų agurkai

Ingridientai:

- 8 svarai. 3-5 colių marinuotų agurkų
- 2 galonai vandens
- 1-1/4 stiklinės konservavimo arba marinavimo druskos
- 1-1/2 litrų acto (5%)
- 1/4 stiklinės cukraus
- 2 litrai vandens
- 2 valgomieji šaukštai viso sumaišytų marinavimo prieskonių
- apie 3 šaukštus nesmulkintų garstyčių sėklų
- apie 14 galvų šviežių krapų (1-1/2 galvos viename puslitre) arba
- 4-1/2 šaukštelio krapų sėklų (1-1/2 arbatinio šaukštelio viename puslitre)

Nurodymai:

a) Nuplaukite agurkus. Nupjaukite 1/16 colio žiedo galo griežinėlį ir išmeskite, bet palikite pritvirtintą 1/4 colio stiebo. Ištirpinkite 3/4 puodelio druskos 2 galonais vandens. Supilkite ant agurkų ir palikite pastovėti 12 valandų. Nusausinkite.

b) Sumaišykite actą, 1/2 puodelio druskos, cukrų ir 2 litrus vandens. Suberkite sumaišytus marinavimo prieskonius, surištus į švarų baltą skudurėlį. Pakaitinkite iki virimo. Užpildykite karštus stiklainius agurkais.

c) Į vieną puslitrį įpilkite 1 arbatinį šaukštelį garstyčių sėklų ir 1-1/2 galvutės šviežių krapų. Uždenkite verdančiu marinavimo tirpalu, palikdami 1/2 colio vietos. Pašalinkite oro burbuliukus ir, jei reikia, sureguliuokite viršutinę dalį. Nuvalykite stiklainių kraštus sudrėkintu švariu popieriniu rankšluosčiu.

d) Sureguliuokite dangčius ir apdorokite.

66. Saldūs marinuoti agurkai

Ingridientai:

- 7 svarai. agurkai (1-1/2 colio ar mažiau)
- 1/2 puodelio konservavimo arba marinavimo druskos
- 8 puodeliai cukraus
- 6 puodeliai acto (5%)
- 3/4 arbatinių šaukštelių ciberžolės
- 2 arbatiniai šaukšteliai salierų sėklų
- 2 arbatiniai šaukšteliai sumaišytų marinavimo prieskonių
- 2 cinamono lazdelės
- 1/2 arbatinio šaukštelio pankolio (nebūtina)
- 2 arbatiniai šaukšteliai vanilės (nebūtina)

Nurodymai:

a) Nuplaukite agurkus. Nupjaukite 1/16 colio žiedo galo griežinėlį ir išmeskite, bet palikite pritvirtintą 1/4 colio stiebo.

b) Sudėkite agurkus į didelį indą ir užpilkite verdančiu vandeniu. Po šešių iki aštuonių valandų ir antrą dieną vėl nukoškite ir užpilkite 6 litrais šviežio verdančio vandens, kuriame yra 1/4 puodelio druskos. Trečią dieną agurkus nusausinkite ir subadyti stalo šakute.

c) Sumaišykite ir užvirinkite 3 puodelius acto, 3 puodelius cukraus, ciberžolę ir prieskonius. Supilkite ant agurkų. Po šešių ar aštuonių valandų marinavimo sirupą nusausinkite ir išsaugokite. Įpilkite dar po 2 puodelius cukraus ir acto ir pakaitinkite, kad užvirtų. Supilkite ant raugintų agurkų.

d) Ketvirtą dieną nusausinkite ir sutaupykite sirupą. Įpilkite dar 2 puodelius cukraus ir 1 puodelį acto. Pakaitinkite iki virimo ir užpilkite ant raugintų agurkų. Po 6-8 valandų nusausinkite ir išsaugokite marinavimo sirupą. Įpilkite 1 puodelį cukraus ir 2 arbatinius šaukštelius vanilės ir pakaitinkite iki virimo.

e) Užpildykite karštus sterilius pintos stiklainius marinuotais agurkais ir uždenkite karštu sirupu, palikdami 1/2 colio tarpą.

f) Pašalinkite oro burbuliukus ir, jei reikia, sureguliuokite viršutinę dalį. Nuvalykite stiklainių kraštus sudrėkintu švariu popieriniu rankšluosčiu.

g) Sureguliuokite dangčius ir apdorokite.

67. 14 dienų saldūs marinuoti agurkai

Ingridientai:

- 4 svarai. 2-5 colių marinuotų agurkų
- 3/4 puodelio konservavimo arba marinavimo druskos
- 2 arbatiniai šaukšteliai salierų sėklų
- 2 valgomieji šaukštai sumaišytų marinavimo prieskonių
- 5-1/2 stiklinės cukraus
- 4 puodeliai acto (5%)

Nurodymai:

a) Nuplaukite agurkus. Nupjaukite 1/16 colio žiedo galo griežinėlį ir išmeskite, bet palikite pritvirtintą 1/4 colio stiebo. Sudėkite sveikus agurkus į tinkamą 1 galono indą.

b) Į 2 litrus vandens įpilkite 1/4 puodelio konservavimo arba marinavimo druskos ir užvirinkite. Supilkite ant agurkų. Pridėkite tinkamą dangtelį ir svorį.

c) Ant talpyklos uždėkite švarų rankšluostį ir palaikykite maždaug 70 °F temperatūrą. Trečią ir penktą dienas nusausinkite sūrų vandenį ir išmeskite. Nuplaukite agurkus ir grąžinkite agurkus į konteinerį. Įpilkite 1/4 puodelio druskos į 2 litrus šviežio vandens ir užvirinkite. Supilkite ant agurkų.

d) Pakeiskite dangtelį ir svorį ir vėl uždenkite švariu rankšluosčiu. Septintą dieną nusausinkite sūrų vandenį ir išmeskite. Nuplaukite agurkus, uždenkite ir pasverkite.

68. Greitai saldūs marinuoti agurkai

Ingridientai:

- 8 svarai. 3-4 colių marinuotų agurkų
- 1/3 puodelio konservavimo arba marinavimo druskos
- 4-1/2 stiklinės cukraus
- 3-1/2 stiklinės acto (5%)
- 2 arbatiniai šaukšteliai salierų sėklų
- 1 valgomasis šaukštas nesmulkintų kvapiųjų pipirų
- 2 valgomieji šaukštai garstyčių sėklų
- 1 puodelis marinavimo laimo (nebūtina)

Nurodymai:

a) Nuplaukite agurkus. Nupjaukite 1/16 colio žiedo galo ir išmeskite, bet palikite 1/4 colio stiebo pritvirtintą. Jei norite, supjaustykite arba supjaustykite juostelėmis. Sudėkite į dubenį ir pabarstykite 1/3 puodelio druskos. Uždenkite 2 colių susmulkintu arba kubeliais supjaustytu ledu.

b) Šaldykite 3-4 valandas. Jei reikia, pridėkite daugiau ledo. Gerai nusausinkite.

c) Sumaišykite cukrų, actą, salierų sėklas, kvapiuosius pipirus ir garstyčių sėklas 6 kvartų virdulyje. Pakaitinkite iki virimo.

d) Karšta pakuotė – Sudėkite agurkus ir lėtai kaitinkite, kol acto tirpalas vėl užvirs. Retkarčiais pamaišykite, kad mišinys įkaistų tolygiai. Užpildykite sterilius stiklainius, palikdami 1/2 colio tarpą.

e) Neapdorota pakuotė – pripildykite karštus stiklainius, palikdami 1/2 colio tarpą. Įpilkite karšto marinavimo sirupo, palikdami 1/2 colio vietos.

f) Pašalinkite oro burbuliukus ir, jei reikia, sureguliuokite viršutinę dalį. Nuvalykite stiklainių kraštus sudrėkintu švariu popieriniu rankšluosčiu.

g) Sureguliuokite dangčius ir apdorokite.

69. Marinuoti šparagai

Ingridientai:

- 10 svarų. šparagai
- 6 didelės česnako skiltelės
- 4-1/2 stiklinės vandens
- 4-1/2 stiklinės baltojo distiliuoto acto (5%)
- 6 mažos aitriosios paprikos (nebūtina)
- 1/2 puodelio konservavimo druskos
- 3 arbatiniai šaukšteliai krapų sėklų

Nurodymai:

a) Šparagus gerai, bet švelniai nuplaukite po tekančiu vandeniu. Nupjaukite stiebus iš apačios, kad liktų ietis su antgaliais, įdedant juos į konservavimo indelį, paliekant šiek tiek daugiau nei 1/2 colio tarpo. Nulupkite ir nuplaukite česnako skilteles.

b) Į kiekvieno stiklainio dugną įdėkite po česnako skiltelę, o šparagus sandariai supakuokite į karštus stiklainius bukais galais žemyn. 8 litrų puode sumaišykite vandenį, actą, aitriąją papriką (nebūtina), druską ir krapų sėklas.

c) Užvirinkite. Į kiekvieną stiklainį ant šparagų stiebelių įdėkite po vieną aitriąją papriką (jei naudojate). Užpilkite verdančiu karštu marinavimo sūrymu ant iečių, palikdami 1/2 colio tarpą.

d) Pašalinkite oro burbuliukus ir, jei reikia, sureguliuokite viršutinę dalį. Nuvalykite stiklainių kraštus sudrėkintu švariu popieriniu rankšluosčiu.

e) Sureguliuokite dangčius ir apdorokite.

70. Marinuotos krapų pupelės

Ingridientai:

- 4 svarai. šviežios švelnios žalios arba geltonos pupelės
- 8-16 galvų šviežių krapų
- 8 skiltelės česnako (nebūtina)
- 1/2 puodelio konservavimo arba marinavimo druskos
- 4 puodeliai baltojo acto (5%)
- 4 puodeliai vandens
- 1 arbatinis šaukštelis aitriųjų raudonųjų pipirų ežerėlių (nebūtina)

Nurodymai:

a) Nuplaukite ir nupjaukite pupelių galus ir supjaustykite iki 4 colių ilgio. Į kiekvieną karštą sterilų puslitrį stiklainį įdėkite 1-2 krapų galvutes ir, jei norite, 1 skiltelę česnako. Visas pupeles vertikaliai sudėkite į stiklainius, palikdami 1/2 colio tarpą.

b) Jei reikia, nupjaukite pupeles, kad jos būtų tinkamos. Sumaišykite druską, actą, vandenį ir pipirų ežerus (jei norite). Užvirinkite. Į pupeles įpilkite karšto tirpalo, palikdami 1/2 colio vietos.

c) Pašalinkite oro burbuliukus ir, jei reikia, sureguliuokite viršutinę dalį. Nuvalykite stiklainių kraštus sudrėkintu švariu popieriniu rankšluosčiu.

d) Sureguliuokite dangčius ir apdorokite.

71. Marinuotos trijų pupelių salotos

Ingridientai:

- 1-1/2 puodelio blanširuotų žalių/geltonų pupelių
- 1-1/2 puodelio konservuotų, nusausintų, raudonųjų pupelių
- 1 puodelis konservuotų, nusausintų garbanzo pupelių
- 1/2 puodelio nulupto ir plonais griežinėliais supjaustyto svogūno
- 1/2 puodelio apipjaustytų ir plonais griežinėliais pjaustytų salierų
- 1/2 puodelio supjaustytos žaliosios paprikos
- 1/2 puodelio baltojo acto (5%)
- 1/4 puodelio buteliuose citrinos sulčių
- 3/4 stiklinės cukraus
- 1/4 puodelio aliejaus
- 1/2 arbatinio šaukštelio konservavimo arba marinavimo druskos
- 1-1/4 stiklinės vandens

Nurodymai:

a) Nuplaukite ir nuplėškite šviežių pupelių galus. Supjaustykite arba supjaustykite į 1–2 colių gabalus.

b) Blanširuokite 3 minutes ir nedelsdami atvėsinkite. Nuplaukite pupeles vandeniu iš čiaupo ir vėl nusausinkite. Paruoškite ir išmatuokite visas kitas daržoves.

c) Sumaišykite actą, citrinos sultis, cukrų ir vandenį ir užvirkite. Nuimkite nuo ugnies.

d) Įpilkite aliejaus, druskos ir gerai išmaišykite. Į tirpalą įpilkite pupelių, svogūnų, salierų ir žaliųjų pipirų ir užvirinkite.

e) Marinuokite 12–14 valandų šaldytuve, tada visą mišinį pakaitinkite iki virimo. Užpildykite karštus stiklainius kietomis medžiagomis. Įpilkite karšto skysčio, palikdami 1/2 colio erdvės.

f) Pašalinkite oro burbuliukus ir, jei reikia, sureguliuokite viršutinę dalį. Nuvalykite stiklainių kraštus sudrėkintu švariu popieriniu rankšluosčiu.

g) Sureguliuokite dangčius ir apdorokite.

72. Marinuoti burokėliai

Ingridientai:

- 7 svarai. 2-2-1/2 colio skersmens burokėlių
- 4 puodeliai acto (5%)
- 1-1/2 arbatinio šaukštelio konservavimo arba marinavimo druskos
- 2 puodeliai cukraus
- 2 puodeliai vandens
- 2 cinamono lazdelės
- 12 sveikų gvazdikėlių
- 4-6 svogūnai (nuo 2 iki 2-1/2 colio skersmens),

Nurodymai:

a) Nupjaukite burokėlių viršūnes, palikdami 1 colio stiebą ir šaknis, kad išvengtumėte spalvos nukraujavimo.

b) Kruopščiai nuplaukite. Rūšiuoti pagal dydį. Panašius dydžius užpilkite verdančiu vandeniu ir virkite, kol suminkštės (apie 25-30 minučių). Atsargiai: nusausinkite ir išmeskite skystį. Vėsūs burokėliai. Šaknų ir stiebų apipjaustymas ir odelių nuėmimas. Supjaustykite 1/4 colio griežinėliais. Nulupkite ir smulkiai supjaustykite svogūnus.

c) Sumaišykite actą, druską, cukrų ir gėlą vandenį. Suberkite prieskonius į marlės maišelį ir suberkite į acto mišinį. Užvirinkite. Sudėkite burokėlius ir svogūnus. Troškinkite 5 minutes. Išimkite prieskonių maišelį.

d) Užpildykite karštus stiklainius burokėliais ir svogūnais, palikdami 1/2 colio erdvę. Įpilkite karšto acto tirpalo, palikdami 1/2 colio erdvę.

e) Pašalinkite oro burbuliukus ir, jei reikia, sureguliuokite viršutinę dalį. Nuvalykite stiklainių kraštus sudrėkintu švariu popieriniu rankšluosčiu.

f) Sureguliuokite dangčius ir apdorokite.

73. Marinuotos morkos

Ingridientai:

- 2-3/4 svarų. nuluptos morkos
- 5-1/2 stiklinės baltojo acto (5%)
- 1 puodelis vandens
- 2 puodeliai cukraus
- 2 arbatiniai šaukšteliai konservuotos druskos
- 8 arbatiniai šaukšteliai garstyčių sėklų
- 4 arbatiniai šaukšteliai salierų sėklų

Nurodymai:

a) Nuplaukite ir nulupkite morkas. Supjaustykite maždaug 1/2 colio storio apskritimais.

b) Sumaišykite actą, vandenį, cukrų ir konservuotą druską 8 litrų olandiškoje orkaitėje arba puode. Užvirinkite ir virkite 3 minutes. Sudėkite morkas ir vėl užvirkite. Tada sumažinkite ugnį iki silpnos ugnies ir kaitinkite iki pusės iškeps (apie 10 min.).

c) Tuo tarpu į kiekvieną tuščią karštą puslitrį stiklainį įdėkite 2 arbatinius šaukštelius garstyčių sėklų ir 1 arbatinį šaukštelį salierų sėklų. Užpildykite stiklainius karštomis morkomis, palikdami 1 colio erdvę. Užpildykite karštu marinavimo skysčiu, palikdami 1/2 colio tarpą.

d) Pašalinkite oro burbuliukus ir, jei reikia, sureguliuokite viršutinę dalį. Nuvalykite stiklainių kraštus sudrėkintu švariu popieriniu rankšluosčiu.

e) Sureguliuokite dangčius ir apdorokite.

74. Marinuoti žiediniai kopūstai/Briuselis

Ingridientai:

- 12 puodelių 1–2 colių žiedinių kopūstų žiedų arba mažų Briuselio kopūstų
- 4 puodeliai baltojo acto (5%)
- 2 puodeliai cukraus
- 2 puodeliai smulkiai pjaustytų svogūnų
- 1 puodelis kubeliais pjaustytų saldžiųjų raudonųjų pipirų
- 2 valgomieji šaukštai garstyčių sėklų
- 1 valgomasis šaukštas salierų sėklų
- 1 arbatinis šaukštelis ciberžolės
- 1 arbatinis šaukštelis aitriųjų raudonųjų pipirų ežerėlių

Nurodymai:

a) Nuplaukite žiedinių kopūstų žiedus arba Briuselio kopūstus (pašalinkite stiebus ir pažeistus išorinius lapus) ir virkite sūriame vandenyje (4 arbatiniai šaukšteliai konservuotos druskos vienam galonui vandens) 3 minutes žiediniams kopūstams ir 4 minutes Briuselio kopūstams. Nusausinkite ir atvėsinkite.

b) Dideliame puode sumaišykite actą, cukrų, svogūną, kubeliais supjaustytą raudonąją papriką ir prieskonius. Užvirinkite ir virkite 5 minutes. Svogūnus ir kubeliais pjaustytus pipirus paskirstykite tarp stiklainių. Užpildykite karštus stiklainius gabalėliais ir marinavimo tirpalu, palikdami 1/2 colio vietos.

c) Pašalinkite oro burbuliukus ir, jei reikia, sureguliuokite viršutinę dalį. Nuvalykite stiklainių kraštus sudrėkintu švariu popieriniu rankšluosčiu.

d) Sureguliuokite dangčius ir apdorokite.

75. Chayote ir jicama slaw

Ingridientai:

- 4 puodeliai julienned jicama
- 4 puodeliai julienned chayote
- 2 puodeliai kapotų raudonųjų paprikų
- 2 susmulkintos aitriosios paprikos
- 2-1/2 stiklinės vandens
- 2-1/2 stiklinės sidro acto (5%)
- 1/2 stiklinės baltojo cukraus
- 3-1/2 arbatinio šaukštelio konservavimo druskos
- 1 arbatinis šaukštelis salierų sėklų (nebūtina)

Nurodymai:

a) Atsargiai: dėvėkite plastikines arba gumines pirštines ir nelieskite veido dirbdami ar pjaustydami aitriąsias paprikas. Jei nedėvite pirštinių, prieš liesdami veidą ar akis, kruopščiai nusiplaukite rankas su muilu ir vandeniu.

b) Nuplaukite, nulupkite ir plonai julienne jicama ir chayote, išmeskite chayote sėklą. 8 litrų olandiškoje orkaitėje arba puode sumaišykite visus ingredientus, išskyrus chayote. Užvirinkite ir virkite 5 minutes.

c) Sumažinkite ugnį, kol užvirs, ir įpilkite chayote. Vėl užvirkite ir tada išjunkite ugnį. Supilkite karštas kietas medžiagas į karštus puslitros stiklainius, palikdami 1/2 colio tarpą.

d) Uždenkite verdančiu virimo skysčiu, palikdami 1/2 colio vietos.

e) Pašalinkite oro burbuliukus ir, jei reikia, sureguliuokite viršutinę dalį. Nuvalykite stiklainių kraštus sudrėkintu švariu popieriniu rankšluosčiu.

f) Sureguliuokite dangčius ir apdorokite.

76. Su duona ir sviestu marinuota jicama

Ingridientai:

- 14 puodelių kubelių jicama
- 3 puodeliai smulkiai pjaustytų svogūnų
- 1 puodelis susmulkintos raudonosios paprikos
- 4 puodeliai baltojo acto (5%)
- 4-1/2 stiklinės cukraus
- 2 valgomieji šaukštai garstyčių sėklų
- 1 valgomasis šaukštas salierų sėklų
- 1 arbatinis šaukštelis maltos ciberžolės

Nurodymai:

a) Sumaišykite actą, cukrų ir prieskonius 12 litrų olandiškoje orkaitėje arba dideliame puode. Išmaišykite ir užvirinkite. Įmaišykite paruoštą jicama, svogūnų griežinėlius ir raudonąją papriką. Vėl užvirkite, sumažinkite ugnį ir virkite 5 minutes. Retkarčiais pamaišykite.

b) Supilkite karštas kietas medžiagas į karštus puslitrinius stiklainius, palikdami 1/2 colio tarpą. Uždenkite verdančiu virimo skysčiu, palikdami 1/2 colio vietos.

c) Pašalinkite oro burbuliukus ir, jei reikia, sureguliuokite viršutinę dalį. Nuvalykite stiklainių kraštus sudrėkintu švariu popieriniu rankšluosčiu.

d) Sureguliuokite dangčius ir apdorokite.

77. Marinuoti sveiki grybai

Ingridientai:

- 7 svarai. maži sveiki grybai
- 1/2 puodelio buteliuose citrinos sulčių
- 2 puodeliai alyvuogių arba salotų aliejaus
- 2-1/2 stiklinės baltojo acto (5%)
- 1 valgomasis šaukštas raudonėlio lapų
- 1 valgomasis šaukštas džiovintų baziliko lapelių
- 1 valgomasis šaukštas konservavimo arba marinavimo druskos
- 1/2 puodelio pjaustytų svogūnų
- 1/4 puodelio kubeliais pjaustytų pimiento
- 2 skiltelės česnako, supjaustytos ketvirčiais
- 25 juodųjų pipirų

Nurodymai:

a) Pasirinkite labai šviežius neatidarytus grybus, kurių kepurėlės yra mažesnės nei 1-1/4 colio skersmens. Nuplaukite. Nupjaukite stiebus, palikdami 1/4 colio pritvirtintą prie dangtelio. Įpilkite citrinos sulčių ir vandens, kad apsemtų. Užvirinkite. Troškinkite 5 minutes. Grybus nusausinkite.

b) Puode sumaišykite alyvuogių aliejų, actą, raudonėlį, baziliką ir druską. Įmaišykite svogūnus ir pimiento ir pakaitinkite iki virimo.

c) Į puslitrį stiklainį įdėkite 1/4 česnako skiltelės ir 2–3 pipirų žirnelius. Užpildykite karštus stiklainius grybais ir karštu, gerai sumaišytu aliejaus / acto tirpalu, palikdami 1/2 colio laisvos vietos.

d) Pašalinkite oro burbuliukus ir, jei reikia, sureguliuokite viršutinę dalį. Nuvalykite stiklainių kraštus sudrėkintu švariu popieriniu rankšluosčiu.

e) Sureguliuokite dangčius ir apdorokite.

78. Marinuota krapų okra

Ingridientai:

- 7 svarai. mažos okra ankštys
- 6 mažos aitriosios paprikos
- 4 arbatiniai šaukšteliai krapų sėklų
- 8-9 česnako skiltelės
- 2/3 puodelio konservavimo arba marinavimo druskos
- 6 puodeliai vandens
- 6 puodeliai acto (5%)

Nurodymai:

a) Nuplaukite ir supjaustykite okra. Tvirtai užpildykite karštus stiklainius visa okra, palikdami 1/2 colio tarpą. Į kiekvieną stiklainį įdėkite 1 česnako skiltelę.

b) Dideliame puode sumaišykite druską, aitriąsias paprikas, krapų sėklas, vandenį ir actą ir užvirinkite. Karštą marinavimo tirpalą užpilkite ant okra, palikdami 1/2 colio vietos.

c) Pašalinkite oro burbuliukus ir, jei reikia, sureguliuokite viršutinę dalį. Nuvalykite stiklainių kraštus sudrėkintu švariu popieriniu rankšluosčiu.

d) Sureguliuokite dangčius ir apdorokite.

79. Marinuoti perliniai svogūnai

Ingridientai:

- 8 puodeliai nuluptų baltųjų perlinių svogūnų
- 5-1/2 stiklinės baltojo acto (5%)
- 1 puodelis vandens
- 2 arbatiniai šaukšteliai konservuotos druskos
- 2 puodeliai cukraus
- 8 arbatiniai šaukšteliai garstyčių sėklų
- 4 arbatiniai šaukšteliai salierų sėklų

Nurodymai:

a) Norėdami nulupti svogūnus, po kelis dėkite į tinklinį krepšelį arba sietelį, 30 sekundžių panardinkite į verdantį vandenį, tada išimkite ir 30 sekundžių padėkite į šaltą vandenį. Nuo šaknies galo nupjaukite 1/16 colio griežinėlį, tada nuimkite žievelę ir nupjaukite 1/16 colio nuo kito svogūno galo.

b) Sumaišykite actą, vandenį, druską ir cukrų 8 litrų olandiškoje orkaitėje arba puode. Užvirinkite ir virkite 3 minutes.

c) Suberkite nuluptus svogūnus ir vėl užvirkite. Sumažinkite ugnį iki silpnos ugnies ir kaitinkite, kol pusiau iškeps (apie 5 minutes).

d) Tuo tarpu į kiekvieną tuščią karštą puslitrį stiklainį įdėkite 2 arbatinius šaukštelius garstyčių sėklų ir 1 arbatinį šaukštelį salierų sėklų. Užpildykite karštais svogūnais, palikdami 1 colio erdvę. Užpildykite karštu marinavimo skysčiu, palikdami 1/2 colio tarpą.

e) Pašalinkite oro burbuliukus ir, jei reikia, sureguliuokite viršutinę dalį. Nuvalykite stiklainių kraštus sudrėkintu švariu popieriniu rankšluosčiu.

f) Sureguliuokite dangčius ir apdorokite.

80. Marinuotos paprikos

Ingridientai:

- Varpas, vengriškas, bananas arba jalapeño
- 4 svarai. kietos paprikos
- 1 puodelis buteliuose citrinos sulčių
- 2 puodeliai baltojo acto (5%)
- 1 valgomasis šaukštas raudonėlio lapų
- 1 puodelis alyvuogių arba salotų aliejaus
- 1/2 puodelio pjaustytų svogūnų
- 2 skiltelės česnako, supjaustytos ketvirčiais (nebūtina)
- 2 valgomieji šaukštai paruoštų krienų (nebūtina)

Nurodymai:

a) Pasirinkite mėgstamą pipirą. Atsargiai: jei pasirenkate aitriąją papriką, dėvėkite plastikines arba gumines pirštines ir nelieskite veido, kai tvarkote arba pjaustote aitriąją papriką.

b) Nuplaukite, įpjaukite nuo dviejų iki keturių pjūvių kiekviename pipire ir blanširuokite verdančiame vandenyje arba ant kietos odelės aitriosios paprikos odelės blanširuokite vienu iš šių dviejų būdų:

c) Orkaitės arba broilerinis metodas, skirtas odelių susidarymui pūslėmis – 6–8 minutėms dėkite paprikas į karštą orkaitę (400 °F) arba po broileriu 6–8 minutėms, kol odelės susitrauks.

d) Aukščiausio lygio būdas padengti pūsles – karštą degiklį (dujinį arba elektrinį) uždenkite storu vielos tinkleliu.

e) Padėkite pipirus ant degiklio kelioms minutėms, kol odelės susitrauks.

f) Išsipūtus odeles, paprikas sudėkite į keptuvę ir uždenkite drėgnu skudurėliu. (Taip bus lengviau nulupti paprikas.) Kelias minutes atvėsinkite; odelių žievelės. Suplokite visą pipirą.

g) Puode sumaišykite visus likusius ingredientus ir pakaitinkite iki virimo. Į kiekvieną karštą puslitrį stiklainį arba 1/2 arbatinio šaukštelio įdėkite 1/4 česnako skiltelės (nebūtina) ir 1/4 arbatinio šaukštelio druskos. Karštus stiklainius pripildykite pipirų. Ant pipirų užpilkite karšto, gerai sumaišyto aliejaus / marinavimo tirpalo, palikdami 1/2 colio vietos.

h) Pašalinkite oro burbuliukus ir, jei reikia, sureguliuokite viršutinę dalį. Nuvalykite stiklainių kraštus sudrėkintu švariu popieriniu rankšluosčiu.

i) Sureguliuokite dangčius ir apdorokite.

81. Marinuotos paprikos

Ingridientai:

- 7 svarai. kietos paprikos
- 3-1/2 stiklinės cukraus
- 3 puodeliai acto (5%)
- 3 puodeliai vandens
- 9 skiltelės česnako
- 4-1/2 arbatinio šaukštelio konservavimo arba marinavimo druskos

Nurodymai:

a) Nuplaukite paprikas, supjaustykite ketvirčiais, pašalinkite šerdį ir sėklas ir pašalinkite visas dėmes. Papriką supjaustykite juostelėmis. Virkite cukrų, actą ir vandenį 1 minutę.

b) Suberkite paprikas ir užvirinkite. Į kiekvieną karštą sterilų puslitrį stiklainį įdėkite 1/2 skiltelės česnako ir 1/4 arbatinio šaukštelio druskos; dvigubai daugiau nei puslitriniams stiklainiams.

c) Įdėkite pipirų juosteles ir uždenkite karštu acto mišiniu, palikdami 1/2 colio

82. Marinuotos aitriosios paprikos

Ingridientai:

- vengrų, bananų, čili, jalapeño
- 4 svarai. karštos ilgos raudonos, žalios arba geltonos paprikos
- 3 svarai. saldžiosios raudonosios ir žaliosios paprikos, sumaišytos
- 5 puodeliai acto (5%)
- 1 puodelis vandens
- 4 arbatiniai šaukšteliai konservavimo arba marinavimo druskos
- 2 šaukštai cukraus
- 2 skiltelės česnako

Nurodymai:

a) Atsargiai: dėvėkite plastikines arba gumines pirštines ir nelieskite veido dirbdami ar pjaustydami aitriąsias paprikas. Jei nedėvite pirštinių, prieš liesdami veidą ar akis, kruopščiai nusiplaukite rankas su muilu ir vandeniu.

b) Nuplaukite paprikas. Jei mažos paprikos paliekamos sveikos, įpjaukite po 2-4 įpjovas. Ketvirtadalis didelių paprikų.

c) Blanširuokite verdančiame vandenyje arba pūslelines odeles ant kietos odelės aitriosios paprikos vienu iš šių dviejų būdų:

d) Orkaitės arba broilerinis metodas, skirtas odelių susidarymui pūslėmis – 6–8 minutėms dėkite paprikas į karštą orkaitę (400 °F) arba po broileriu 6–8 minutėms, kol odelės susitrauks.

e) Aukščiausio lygio būdas padengti pūsles – karštą degiklį (dujinį arba elektrinį) uždenkite storu vielos tinkleliu.

f) Padėkite pipirus ant degiklio kelioms minutėms, kol odelės susitrauks.

g) Išsipūtus odeles, paprikas sudėkite į keptuvę ir uždenkite drėgnu skudurėliu. (Taip bus lengviau nulupti paprikas.) Kelias minutes atvėsinkite; odelių žievelės. Suplokite smulkias paprikas. Ketvirtadalis didelių paprikų. Užpildykite karštus stiklainius pipirais, palikdami 1/2 colio erdvę.

h) Sumaišykite ir pakaitinkite kitus ingredientus iki virimo ir troškinkite 10 minučių. Pašalinkite česnaką. Ant pipirų užpilkite karšto marinavimo tirpalo, palikdami 1/2 colio vietos.

i) Pašalinkite oro burbuliukus ir, jei reikia, sureguliuokite viršutinę dalį. Nuvalykite stiklainių kraštus sudrėkintu švariu popieriniu rankšluosčiu.

j) Sureguliuokite dangčius ir apdorokite.

83. Marinuoti jalapeño pipirų žiedai

Ingridientai:

- 3 svarai. jalapeno pipirai
- 1-1/2 stiklinės marinavimo kalkių
- 1-1/2 galonų vandens
- 7-1/2 stiklinės sidro acto (5%)
- 1-3/4 stiklinės vandens
- 2-1/2 šaukštai konservavimo druskos
- 3 valgomieji šaukštai salierų sėklų
- 6 valgomieji šaukštai garstyčių sėklų

Nurodymai:

a) Atsargiai: dėvėkite plastikines arba gumines pirštines ir nelieskite veido dirbdami ar pjaustydami aitriąsias paprikas.

b) Paprikas gerai nuplaukite ir supjaustykite 1/4 colio storio griežinėliais. Išmeskite stiebo galą.

c) Sumaišykite 1-1/2 puodelio marinavimo kalkių su 1-1/2 galonų vandens nerūdijančio plieno, stiklo arba maistinio plastiko inde. Maišydami kalkių ir vandens tirpalą venkite įkvėpti kalkių dulkių.

d) Pamirkykite pipirų skilteles kalkių vandenyje, šaldytuve, 18 valandų, retkarčiais pamaišydami (galima naudoti nuo 12 iki 24 valandų). Iš išmirkytų pipirų žiedų nupilkite kalkių tirpalą.

e) Paprikas švelniai, bet kruopščiai nuplaukite vandeniu. Pipirų žiedus užpilkite šviežiu šaltu vandeniu ir pamirkykite šaldytuve 1 valandą. Iš paprikos nupilkite vandenį. Pakartokite skalavimo, mirkymo ir nusausinimo veiksmus dar du kartus. Pabaigoje kruopščiai nusausinkite.

f) Į kiekvieno karšto stiklainio dugną įdėkite 1 valgomąjį šaukštą garstyčių sėklų ir 1-1/2 arbatinio šaukštelio salierų sėklų. Į stiklainius supakuokite nusausintus pipirų žiedus, palikdami 1/2 colio tarpus. Užvirinkite sidro actą, 1-3/4 puodelio vandens ir konservavimo druską ant stiprios ugnies. Supilkite verdantį karšto sūrymo tirpalą ant pipirų žiedų stiklainiuose, palikdami 1/2 colio tarpą.

g) Pašalinkite oro burbuliukus ir, jei reikia, sureguliuokite viršutinę dalį. Nuvalykite stiklainių kraštus sudrėkintu švariu popieriniu rankšluosčiu.

h) Sureguliuokite dangčius ir apdorokite.

84. Marinuoti geltonosios paprikos žiedeliai

Ingridientai:

- 2-1/2-3 svarai. geltonosios (bananinės) paprikos
- 2 valgomieji šaukštai salierų sėklų
- 4 valgomieji šaukštai garstyčių sėklų
- 5 puodeliai sidro acto (5%)
- 1-1/4 stiklinės vandens
- 5 arbatiniai šaukšteliai konservuotos druskos

Nurodymai:

a) Paprikas gerai nuplaukite ir nuimkite stiebo galą; supjaustykite papriką 1/4 colio storio žiedais. Į kiekvieno tuščio karšto pintos stiklainio dugną įdėkite 1/2 šaukšto salierų sėklų ir 1 šaukštą garstyčių sėklų.

b) Supilkite pipirų žiedus į stiklainius, palikdami 1/2 colio erdvę. 4 litrų olandiškoje orkaitėje arba puode sumaišykite sidro actą, vandenį ir druską; pakaitinti iki virimo. Uždenkite pipirų žiedus verdančiu marinavimo skysčiu, palikdami 1/2 colio vietos.

c) Pašalinkite oro burbuliukus ir, jei reikia, sureguliuokite viršutinę dalį. Nuvalykite stiklainių kraštus sudrėkintu švariu popieriniu rankšluosčiu.

d) Sureguliuokite dangčius ir apdorokite.

85. Marinuoti saldūs žali pomidorai

Ingridientai:

- nuo 10 iki 11 svarų. žalių pomidorų
- 2 puodeliai pjaustytų svogūnų
- 1/4 puodelio konservavimo arba marinavimo druskos
- 3 puodeliai rudojo cukraus
- 4 puodeliai acto (5%)
- 1 valgomasis šaukštas garstyčių sėklų
- 1 valgomasis šaukštas kvapiųjų pipirų
- 1 valgomasis šaukštas salierų sėklų
- 1 valgomasis šaukštas sveikų gvazdikėlių

Nurodymai:

a) Nuplaukite ir supjaustykite pomidorus ir svogūnus. Įdėkite į dubenį, pabarstykite 1/4 puodelio druskos ir palikite 4-6 valandas. Nusausinkite. Pakaitinkite ir sumaišykite cukrų acte, kol ištirps.

b) Į prieskonių maišelį suriškite garstyčių sėklas, kvapiuosius pipirus, salierų sėklas ir gvazdikėlius. Įpilkite į actą su pomidorais ir svogūnais. Jei reikia, įpilkite mažiausiai vandens, kad apsemtų gabalėlius. Užvirinkite ir troškinkite

30 minučių, kiek reikia pamaišydami, kad nesudegtų. Tinkamai išvirti pomidorai turi būti minkšti ir skaidrūs.

c) Išimkite prieskonių maišelį. Užpildykite karštą stiklainį kietomis medžiagomis ir uždenkite karštu marinavimo tirpalu, palikdami 1/2 colio tarpą.

d) Pašalinkite oro burbuliukus ir, jei reikia, sureguliuokite viršutinę dalį. Nuvalykite stiklainių kraštus sudrėkintu švariu popieriniu rankšluosčiu.

e) Sureguliuokite dangčius ir apdorokite.

86. Marinuotos daržovės

Ingridientai:

- 4 svarai. 4-5 colių marinuotų agurkų
- 2 svarai. nulupti ir ketvirčiais supjaustyti nedideli svogūnai
- 4 puodeliai supjaustyto saliero (1 colio gabalėliais)
- 2 puodeliai nuluptų ir supjaustytų morkų (1/2 colio gabalėliai)
- 2 puodeliai supjaustytos saldžiosios raudonosios paprikos (1/2 colio gabalėliai)
- 2 puodeliai žiedinių kopūstų žiedų
- 5 puodeliai baltojo acto (5%)
- 1/4 puodelio paruoštų garstyčių
- 1/2 puodelio konservavimo arba marinavimo druskos
- 3-1/2 stiklinės cukraus
- 3 valgomieji šaukštai salierų sėklų
- 2 valgomieji šaukštai garstyčių sėklų
- 1/2 arbatinio šaukštelio sveikų gvazdikėlių
- 1/2 arbatinio šaukštelio maltos ciberžolės

Nurodymai:

a) Sumaišykite daržoves, uždenkite 2 colių kubeliais arba susmulkintu ledu ir šaldykite 3-4 valandas.

b) 8 litrų virdulyje sumaišykite actą su garstyčiomis ir gerai išmaišykite.

c) Įpilkite druskos, cukraus, salierų sėklų, garstyčių sėklų, gvazdikėlių, ciberžolės. Užvirinkite. Nusausinkite daržoves ir supilkite į karštą marinavimo tirpalą.

d) Uždenkite ir lėtai užvirinkite. Nusausinkite daržoves, bet išsaugokite marinavimo tirpalą. Daržoves supilkite į karštus sterilius puslitrinius stiklainius arba karštus kvortus, palikdami 1/2 colio tarpus. Įpilkite marinavimo tirpalo, palikdami 1/2 colio vietos.

e) Pašalinkite oro burbuliukus ir, jei reikia, sureguliuokite viršutinę dalį. Nuvalykite stiklainių kraštus sudrėkintu švariu popieriniu rankšluosčiu.

f) Sureguliuokite dangčius ir apdorokite.

87. Marinuotos duonos ir sviesto cukinijos

Ingridientai:

- 16 puodelių šviežių cukinijų, supjaustytų
- 4 puodeliai svogūnų, plonais griežinėliais
- 1/2 puodelio konservavimo arba marinavimo druskos
- 4 puodeliai baltojo acto (5%)
- 2 puodeliai cukraus
- 4 valgomieji šaukštai garstyčių sėklų
- 2 valgomieji šaukštai salierų sėklų
- 2 arbatiniai šaukšteliai maltos ciberžolės

Nurodymai:

a) Uždenkite cukinijų ir svogūnų griežinėlius 1 coliu vandens ir druskos. Leiskite pastovėti 2 valandas ir gerai nusausinkite. Sumaišykite actą, cukrų ir prieskonius. Užvirinkite ir suberkite cukinijas bei svogūnus. Troškinkite 5 minutes ir apkepkite karštus stiklainius su mišiniu ir marinavimo tirpalu, palikdami 1/2 colio tarpo.

b) Pašalinkite oro burbuliukus ir, jei reikia, sureguliuokite viršutinę dalį. Nuvalykite stiklainių kraštus sudrėkintu švariu popieriniu rankšluosčiu.

c) Sureguliuokite dangčius ir apdorokite.

88. Chayote ir kriaušių pagardas

Ingridientai:

- 3-1/2 puodelio nulupto, kubeliais supjaustyto chajoto
- 3-1/2 stiklinės nuluptų, kubeliais pjaustytų Seckel kriaušių
- 2 puodeliai kapotų raudonųjų paprikų
- 2 puodeliai kapotos geltonosios paprikos
- 3 puodeliai susmulkinto svogūno
- 2 Serrano pipirai, supjaustyti
- 2-1/2 stiklinės sidro acto (5%)
- 1-1/2 stiklinės vandens
- 1 puodelis baltojo cukraus
- 2 arbatiniai šaukšteliai konservuotos druskos
- 1 arbatinis šaukštelis maltų kvapiųjų pipirų
- 1 arbatinis šaukštelis maltų moliūgų pyrago prieskonių

Nurodymai:

a) Nuplaukite, nulupkite ir supjaustykite chajotą ir kriaušes 1/2 colio kubeliais, išmesdami šerdį ir sėklas. Susmulkinkite svogūnus ir papriką. Olandiškoje orkaitėje arba dideliame puode sumaišykite actą, vandenį, cukrų, druską ir prieskonius. Užvirinkite, maišydami, kad ištirptų cukrus.

b) Sudėkite pjaustytus svogūnus ir paprikas; vėl užvirkite ir virkite 2 minutes, retkarčiais pamaišydami.

c) Sudėkite kubeliais supjaustytą chajotą ir kriaušes; grąžinkite iki virimo temperatūros ir išjunkite šilumą. Supilkite karštas kietas medžiagas į karštus puslitrinius stiklainius, palikdami 1 colio erdvę. Uždenkite verdančiu virimo skysčiu, palikdami 1/2 colio vietos.

d) Pašalinkite oro burbuliukus ir, jei reikia, sureguliuokite viršutinę dalį. Nuvalykite stiklainių kraštus sudrėkintu švariu popieriniu rankšluosčiu.

e) Sureguliuokite dangčius ir apdorokite.

89. Piccalilli

Ingridientai:

- 6 puodeliai pjaustytų žalių pomidorų
- 1-1/2 puodelio kapotų saldžiųjų raudonųjų pipirų
- 1-1/2 puodelio kapotų žaliųjų paprikų
- 2-1/4 stiklinės pjaustytų svogūnų
- 7-1/2 stiklinės kapotų kopūstų
- 1/2 puodelio konservavimo arba marinavimo druskos
- 3 valgomieji šaukštai viso sumaišytų marinavimo prieskonių
- 4-1/2 stiklinės acto (5%)
- 3 puodeliai rudojo cukraus

Nurodymai:

a) Nuplaukite, supjaustykite ir sumaišykite daržoves su 1/2 puodelio druskos. Uždenkite karštu vandeniu ir palikite pastovėti 12 valandų. Nusausinkite ir įspauskite švariu baltu skudurėliu, kad pašalintumėte visą galimą skystį. Prieskonius laisvai suriškite į prieskonių maišelį ir suberkite į sumaišytą actą bei rudąjį cukrų ir pakaitinkite puode iki užvirimo.

b) Sudėkite daržoves ir švelniai virkite 30 minučių arba tol, kol mišinio tūris sumažės per pusę. Išimkite prieskonių maišelį.

c) Užpildykite karštus sterilius stiklainius karštu mišiniu, palikdami 1/2 colio tarpą.

d) Pašalinkite oro burbuliukus ir, jei reikia, sureguliuokite viršutinę dalį. Nuvalykite stiklainių kraštus sudrėkintu švariu popieriniu rankšluosčiu.

e) Sureguliuokite dangčius ir apdorokite.

90. Marinuotų agurkų pagardinimas

Ingridientai:

- 3 litrai pjaustytų agurkų
- 3 puodeliai kapotų saldžių žaliųjų ir raudonųjų paprikų
- 1 puodelis pjaustytų svogūnų
- 3/4 puodelio konservavimo arba marinavimo druskos
- 4 puodeliai ledo
- 8 puodeliai vandens
- 2 puodeliai cukraus
- po 4 arbatinius šaukštelius garstyčių sėklų, ciberžolės, sveikų pipirų ir sveikų gvazdikėlių
- 6 puodeliai baltojo acto (5%)

Nurodymai:

a) Į vandenį suberkite agurkus, paprikas, svogūnus, druską ir ledą ir palikite 4 valandas. Nusausinkite ir dar valandai daržoves užpilkite šviežiu lediniu vandeniu. Vėl nusausinkite.

b) Sumaišykite prieskonius prieskonių arba marlės maišelyje. Į cukrų ir actą suberkite prieskonius. Pakaitinkite iki virimo ir supilkite mišinį ant daržovių.

c) Uždenkite ir šaldykite 24 valandas. Mišinį pakaitinkite iki virimo ir įkaitinkite į karštus stiklainius, palikdami 1/2 colio tarpą.

d) Pašalinkite oro burbuliukus ir, jei reikia, sureguliuokite viršutinę dalį. Nuvalykite stiklainių kraštus sudrėkintu švariu popieriniu rankšluosčiu.

e) Sureguliuokite dangčius ir apdorokite.

91. Marinuotų kukurūzų pagardas

Ingridientai:

- 10 puodelių šviežių viso grūdo kukurūzų
- 2-1/2 puodelio kubeliais pjaustytų saldžiųjų raudonųjų pipirų
- 2-1/2 puodelio kubeliais pjaustytų saldžiųjų žaliųjų pipirų
- 2-1/2 puodelio kapotų salierų
- 1-1/4 stiklinės kubeliais pjaustytų svogūnų
- 1-3/4 stiklinės cukraus
- 5 puodeliai acto (5%)
- 2-1/2 šaukštai konservavimo arba marinavimo druskos
- 2-1/2 arbatinio šaukštelio salierų sėklų
- 2-1/2 šaukštai sausų garstyčių
- 1-1/4 arbatinio šaukštelio ciberžolės

Nurodymai:

a) Kukurūzų varpas virkite 5 minutes. Panardinkite į šaltą vandenį. Iš burbuolės išpjaukite sveikus branduolius arba naudokite šešias 10 uncijų šaldytas kukurūzų pakuotes.

b) Puode sumaišykite paprikas, salierus, svogūnus, cukrų, actą, druską ir salierų sėklas.

c) Užvirkite ir virkite 5 minutes, retkarčiais pamaišydami. Sumaišykite garstyčias ir ciberžolę 1/2 puodelio troškinto mišinio. Sudėkite šį mišinį ir kukurūzus į karštą mišinį.

d) Troškinkite dar 5 minutes. Jei norite, mišinį sutirštinkite pasta (1/4 puodelio sumaišyti su 1/4 puodelio vandens) ir dažnai maišykite. Užpildykite karštus stiklainius karštu mišiniu, palikdami 1/2 colio tarpą.

e) Pašalinkite oro burbuliukus ir, jei reikia, sureguliuokite viršutinę dalį. Nuvalykite stiklainių kraštus sudrėkintu švariu popieriniu rankšluosčiu.

f) Sureguliuokite dangčius ir apdorokite.

92. Marinuotų žalių pomidorų pagardas

Ingridientai:

- 10 svarų. maži, kieti žali pomidorai
- 1-1/2 svaro. raudonosios paprikos
- 1-1/2 svaro. žaliosios paprikos
- 2 svarai. svogūnai
- 1/2 puodelio konservavimo arba marinavimo druskos
- 1 litras vandens
- 4 puodeliai cukraus
- 1 litras acto (5%)
- 1/3 puodelio paruoštų geltonųjų garstyčių
- 2 valgomieji šaukštai kukurūzų krakmolo

Nurodymai:

a) Pomidorus, paprikas ir svogūnus nuplaukite ir stambiai sutarkuokite arba susmulkinkite. Ištirpinkite druską vandenyje ir dideliame virdulyje supilkite ant daržovių. Įkaitinkite iki virimo ir troškinkite 5 minutes. Nusausinkite kiaurasamtyje. Grąžinkite daržoves į virdulį.

b) Įpilkite cukraus, acto, garstyčių ir kukurūzų krakmolo. Maišykite, kad susimaišytų. Įkaitinkite iki virimo ir troškinkite 5 minutes.

c) Į karštus sterilius pintos stiklainius pripildykite karšto skonio, palikdami 1/2 colio tarpą.

d) Pašalinkite oro burbuliukus ir, jei reikia, sureguliuokite viršutinę dalį. Nuvalykite stiklainių kraštus sudrėkintu švariu popieriniu rankšluosčiu.

e) Sureguliuokite dangčius ir apdorokite.

93. Marinuotų krienų padažas

Ingridientai:

- 2 puodeliai (3/4 svaro) šviežiai tarkuotų krienų
- 1 puodelis baltojo acto (5%)
- 1/2 arbatinio šaukštelio konservavimo arba marinavimo druskos
- 1/4 arbatinio šaukštelio askorbo rūgšties miltelių

Nurodymai:

a) Šviežių krienų aštrumas išnyksta per 1-2 mėnesius, net ir laikant šaldytuve. Todėl vienu metu gaminkite tik nedidelius kiekius.

b) Kruopščiai nuplaukite krienų šaknis ir nulupkite rudą išorinę odelę. Nuluptas šaknis galima sutarkuoti virtuviniu kombainu arba supjaustyti nedideliais kubeliais ir perpilti per maisto smulkintuvą.

c) Sumaišykite ingredientus ir supilkite į sterilius stiklainius, palikdami 1/4 colio tarpą.

d) Stiklainius sandariai uždarykite ir laikykite šaldytuve.

94. Marinuotų pipirų-svogūnų pagardas

Ingridientai:

- 6 puodeliai pjaustytų svogūnų
- 3 puodeliai kapotų saldžiųjų raudonųjų pipirų
- 3 puodeliai kapotų žaliųjų paprikų
- 1-1/2 stiklinės cukraus
- 6 puodeliai acto (5%), geriausia baltojo distiliuoto
- 2 valgomieji šaukštai konservavimo arba marinavimo druskos

Nurodymai:

a) Nuplaukite ir supjaustykite daržoves. Sumaišykite visus ingredientus ir švelniai virkite, kol mišinys sutirštės ir tūris sumažės per pusę (apie 30 minučių).

b) Užpildykite karštus sterilius stiklainius karštu prieskoniu, palikdami 1/2 colio tarpą ir sandariai uždarykite.

c) Laikyti šaldytuve ir sunaudoti per mėnesį.

95. Aštrus jicama pagardas

Ingridientai:

- 9 puodeliai supjaustytos jicama
- 1 valgomasis šaukštas viso sumaišytų marinavimo prieskonių
- 1 dviejų colių cinamono lazdelė
- 8 puodeliai baltojo acto (5%)
- 4 puodeliai cukraus
- 2 arbatiniai šaukšteliai maltų raudonųjų pipirų
- 4 puodeliai supjaustytos geltonosios paprikos
- 4-1/2 puodelio kubeliais supjaustytos raudonosios paprikos
- 4 puodeliai susmulkinto svogūno
- 2 šviežios aitriosios paprikos (kiekviena maždaug 6 colių), susmulkintos ir iš dalies išskobtos

Nurodymai:

a) Atsargiai: dėvėkite plastikines arba gumines pirštines ir nelieskite veido dirbdami ar pjaustydami aitriąsias paprikas. Nuplaukite, nulupkite ir supjaustykite jicama; kauliukai.

b) Padėkite marinavimo prieskonius ir cinamoną ant švaraus dvisluoksnio 6 colių kvadratinio 100% medvilnės marlės gabalo.

c) Sujunkite kampus ir suriškite švaria virvele. (Arba naudokite įsigytą muslino prieskonių maišelį.)

d) 4 litrų olandiškoje orkaitėje arba puode sumaišykite marinavimo prieskonių maišelį, actą, cukrų ir maltus raudonuosius pipirus. Užvirinkite, maišydami, kad cukrus ištirptų. Įmaišykite kubeliais pjaustytą jicamą, saldžiąsias paprikas, svogūną ir aštrius svogūnus. Grąžinkite mišinį į virimą.

e) Sumažinkite ugnį ir troškinkite uždengę ant vidutinės-mažos ugnies apie 25 minutes. Išmeskite prieskonių maišelį. Supilkite pasimėgavimą į karštus puslitrinius stiklainius, palikdami 1/2 colio tarpą. Uždenkite karštu marinavimo skysčiu, palikdami 1/2 colio vietos.

f) Pašalinkite oro burbuliukus ir, jei reikia, sureguliuokite viršutinę dalį. Nuvalykite stiklainių kraštus sudrėkintu švariu popieriniu rankšluosčiu.

g) Sureguliuokite dangčius ir apdorokite.

96. Aštrus pomidorų pagardas

Ingridientai:

- 12 puodelių pjaustytų pomidorų
- 3 puodeliai susmulkintos jicama
- 3 puodeliai susmulkinto svogūno
- 6 puodeliai kapotų slyvų tipo pomidorų
- 1-1/2 puodelio susmulkintos žaliosios paprikos
- 1-1/2 puodelio kapotų raudonųjų paprikų
- 1-1/2 puodelio kapotos geltonosios paprikos
- 1 puodelis konservuotos druskos
- 2 litrai vandens
- 6 valgomieji šaukštai viso sumaišytų marinavimo prieskonių
- 1 valgomasis šaukštas maltų raudonųjų pipirų (nebūtina)
- 6 puodeliai cukraus
- 6-1/2 stiklinės sidro acto (5%)

Nurodymai:

a) Nuimkite pomidorų lukštus ir gerai nuplaukite. Nulupkite jicama ir svogūną. Prieš pjaustydami ir pjaustydami visas daržoves gerai nuplaukite.

b) Įdėkite pjaustytus pomidorus, jicama, svogūną, pomidorus ir visas paprikas į 4 litrų olandišką orkaitę arba puodą. Konservavimo druską ištirpinkite vandenyje. Supilkite ant paruoštų daržovių. kaitinti iki virimo; troškinti 5 minutes.

c) Kruopščiai nusausinkite per marle padengtą sietelį (kol nebevarvės vanduo, maždaug 15-20 minučių).

d) Ant švaraus, dvigubo sluoksnio 6 colių kvadratinio gabalo uždėkite marinavimo prieskonių ir pasirenkamų raudonųjų pipirų lašelių.

97. Jokio pridėtinio cukraus marinuoti burokėliai

Ingridientai:

- 7 svarai. 2-2-1/2 colio skersmens burokėlių
- 4-6 svogūnai (2-2-1/2 colio skersmens), jei pageidaujama
- 6 puodeliai baltojo acto (5 proc.)
- 1-1/2 arbatinio šaukštelio konservavimo arba marinavimo druskos
- 2 puodeliai Splenda
- 3 puodeliai vandens
- 2 cinamono lazdelės
- 12 sveikų gvazdikėlių

Nurodymai:

a) Nupjaukite burokėlių viršūnes, palikdami 1 colio stiebą ir šaknis, kad išvengtumėte spalvos nukraujavimo. Kruopščiai nuplaukite. Rūšiuoti pagal dydį.

b) Panašius dydžius užpilkite verdančiu vandeniu ir virkite, kol suminkštės (apie 25-30 minučių). Atsargiai: nusausinkite ir išmeskite skystį. Vėsūs burokėliai.

c) Šaknų ir stiebų apipjaustymas ir odelių nuėmimas. Supjaustykite 1/4 colio griežinėliais. Svogūnus nulupkite, nuplaukite ir smulkiai supjaustykite.

d) Didelėje olandiškoje orkaitėje sumaišykite actą, druską, Splenda® ir 3 puodelius gėlo vandens. Cinamono lazdeles ir gvazdikėlius suriškite į marlės maišelį ir supilkite į acto mišinį.

e) Užvirinkite. Sudėkite burokėlius ir svogūnus. Troškinti

f) 5 minutės. Išimkite prieskonių maišelį. Karštus burokėlius ir svogūnų griežinėlius supilkite į karštus puslitrinius stiklainius, palikdami 1/2 colio tarpus. Uždenkite verdančiu acto tirpalu, palikdami 1/2 colio vietos.

g) Pašalinkite oro burbuliukus ir, jei reikia, sureguliuokite viršutinę dalį. Nuvalykite stiklainių kraštus sudrėkintu švariu popieriniu rankšluosčiu.

h) Sureguliuokite dangčius ir apdorokite.

98. Saldus marinuotas agurkas

Ingridientai:

- 3-1/2 svaro. marinuotų agurkų
- verdančio vandens, kad apsemtų griežinėliais pjaustytus agurkus
- 4 puodeliai sidro acto (5%)
- 1 puodelis vandens
- 3 puodeliai Splenda®
- 1 valgomasis šaukštas konservavimo druskos
- 1 valgomasis šaukštas garstyčių sėklų
- 1 valgomasis šaukštas nesmulkintų kvapiųjų pipirų
- 1 valgomasis šaukštas salierų sėklų
- 4 vieno colio cinamono lazdelės

Nurodymai:

a) Nuplaukite agurkus. Supjaustykite 1/16 colio žiedų galų ir išmeskite. Agurkus supjaustykite 1/4 colio storio griežinėliais. Agurko griežinėlius užpilkite verdančiu vandeniu ir palikite 5-10 minučių.

b) Nupilkite karštą vandenį ir užpilkite šaltu vandeniu agurkus. Leiskite šaltu vandeniu nuolat tekėti ant agurkų griežinėlių arba dažnai keiskite vandenį, kol agurkai atvės. Riekeles gerai nusausinkite.

c) Sumaišykite actą, 1 puodelį vandens, Splenda® ir visus prieskonius 10 litrų olandiškoje orkaitėje arba puode. Užvirinkite. Į verdantį skystį atsargiai suberkite nuvarvintus agurko griežinėlius ir vėl užvirkite.

d) Jei norite, į kiekvieną tuščią karštą stiklainį įdėkite po vieną cinamono lazdelę. Supilkite karštus marinuotų agurkų griežinėlius į karštus puslitrinius stiklainius, palikdami 1/2 colio tarpą. Uždenkite verdančiu marinavimo sūrymu, palikdami 1/2 colio vietos.

e) Pašalinkite oro burbuliukus ir, jei reikia, sureguliuokite viršutinę dalį. Nuvalykite stiklainių kraštus sudrėkintu švariu popieriniu rankšluosčiu.

f) Sureguliuokite dangčius ir apdorokite.

99. Supjaustyti marinuoti krapai

Ingridientai:

- 4 svarai. (3-5 colių) marinuoti agurkai
- 6 puodeliai acto (5%)
- 6 puodeliai cukraus
- 2 valgomieji šaukštai konservavimo arba marinavimo druskos
- 1-1/2 arbatinio šaukštelio salierų sėklų
- 1-1/2 arbatinio šaukštelio garstyčių sėklų
- 2 dideli svogūnai, plonais griežinėliais
- 8 galvutės šviežių krapų

Nurodymai:

a) Nuplaukite agurkus. Nupjaukite 1/16 colio žiedo galo griežinėlį ir išmeskite. Agurkus supjaustykite 1/4 colio griežinėliais. Dideliame puode sumaišykite actą, cukrų, druską, salierus ir garstyčių sėklas. Mišinį užvirinkite.

b) Ant kiekvieno karšto puslitrinio stiklainio dugno padėkite 2 griežinėlius svogūno ir 1/2 krapų galvutės. Užpildykite karštus stiklainius agurkų griežinėliais, palikdami 1/2 colio tarpą.

c) Ant viršaus uždėkite 1 griežinėlį svogūno ir 1/2 krapų galvos. Karštą marinavimo tirpalą užpilkite ant agurkų, palikdami 1/4 colio vietos.

d) Pašalinkite oro burbuliukus ir, jei reikia, sureguliuokite viršutinę dalį. Nuvalykite stiklainių kraštus sudrėkintu švariu popieriniu rankšluosčiu.

e) Sureguliuokite dangčius ir apdorokite.

100. Pjaustyti saldūs marinuoti agurkai

Ingridientai:

- 4 svarai. (3-4 colių) marinuoti agurkai

Sūdymo tirpalas:

- 1 litras distiliuoto baltojo acto (5%)
- 1 valgomasis šaukštas konservavimo arba marinavimo druskos
- 1 valgomasis šaukštas garstyčių sėklų
- 1/2 stiklinės cukraus

Konservavimo sirupas:

- 1-2/3 puodeliai distiliuoto baltojo acto (5%)
- 3 puodeliai cukraus
- 1 valgomasis šaukštas nesmulkintų kvapiųjų pipirų
- 2-1/4 arbatinio šaukštelio salierų sėklų

Nurodymai:

a) Nuplaukite agurkus ir nupjaukite 1/16 colio žiedo galo ir išmeskite. Agurkus supjaustykite 1/4 colio griežinėliais. Puode sumaišykite visus sirupo konservavimo ingredientus ir užvirinkite. Sirupą laikykite karštą iki naudojimo.

b) Dideliame virdulyje sumaišykite sūrymo tirpalo ingredientus. Sudėkite supjaustytus agurkus, uždenkite ir troškinkite, kol agurkai pasikeis iš ryškiai žalios spalvos (apie 5-7 minutes). Agurko griežinėlius nusausinkite.

c) Užpildykite karštus stiklainius ir uždenkite karštu konservavimo sirupu, palikdami 1/2 colio erdvę.

d) Pašalinkite oro burbuliukus ir, jei reikia, sureguliuokite viršutinę dalį. Nuvalykite stiklainių kraštus sudrėkintu švariu popieriniu rankšluosčiu.

e) Sureguliuokite dangčius ir apdorokite.

IŠVADA

Šioje kulinarijos knygoje yra daug naujų, moksliniais tyrimais pagrįstų rekomendacijų, kaip konservuoti saugesnį ir kokybiškesnį maistą namuose. Tai neįkainojama išteklių knyga žmonėms, kurie pirmą kartą konservuoja maistą. Patyrę konservų gamintojai ras atnaujintą informaciją, kuri padės tobulinti konservavimo praktiką.

www.ingramcontent.com/pod-product-compliance
Lightning Source LLC
Chambersburg PA
CBHW070641120526
44590CB00013BA/813